销售攻心术

不懂心理学就做不好销售

曹华宗◎著

洞察顾客心理活动，引导顾客轻松成交！

中华工商联合出版社

图书在版编目（CIP）数据

销售攻心术：不懂心理学就做不好销售 / 曹华宗著. — 北京 ：中华工商联合出版社，2010.1（2023.12重印）
ISBN 978-7-80249-219-6

Ⅰ. ①销… Ⅱ. ①曹… Ⅲ. ①销售－商业心理学 Ⅳ. ①F713. 55

中国版本图书馆CIP数据核字(2009)第219963号

销售攻心术：不懂心理学就做不好销售

著　　者：曹华宗
责任编辑：胡小英
装帧设计：赵　月
责任审读：付德华
责任印制：陈德松
出版发行：中华工商联合出版社有限责任公司
印　　刷：衡水翔利印刷有限公司
版　　次：2010年2月第1版
印　　次：2023年12月第7次印刷
开　　本：710×1000mm　1/16
字　　数：200千字
印　　张：14
书　　号：ISBN 978-7-80249-219-6/F·115
定　　价：59.80元

服务热线：010-58301130-0（前台）
销售热线：010-58302977（网店部）
010-58302166（门店部）
010-58302837（馆配部、新媒体部）
010-58302813（团购部）
地址邮编：北京市西城区西环广场A座
19－20层，100044
http://www.chgslcbs.cn
投稿热线：010-58302907（总编室）
投稿邮箱：1621239583@qq.com

序 言

“成功的推销员一定是一个伟大的心理学家。”这是销售行业的一句名言。实际上，每个销售人员从一开始找到客户直到完成交易，他所需要的不仅仅是细致的安排和周密的计划，更需要和客户进行心理上的交战，所以从这个角度来看，销售人员必须要了解客户的心理，才能更好地完成自己的销售工作。

在生活当中，我们都知道这样的一个事实：如果我们想要钓到鱼，就要站在鱼的角度去思考。不同的鱼喜好不同的鱼饵，当我们对鱼了解得越多，也就越来越会钓鱼。

同理，作为一名销售人员，要想吸引客户，就要站在客户的角度思考问题，弄清楚客户的心里到底在思考些什么，这样才能更好地提升业绩。

美国一项调查表明，通常那些超级销售员的业绩是一般销售员业绩的300倍。在众多的企业里，80%的业绩是由20%的销售员创造出来的，而这20%的人也并非就是俊男靓女，也并不一定都能言善辩，唯一相同的就是他们都拥有迈向成功的方法，尽管他们那些方法不可能完全相同，但却有其共同之处，那就是洞悉客户的心理。

由此可见，在销售过程中，你不要觉得研究客户的心理是在浪费你的时间，其实研究他们购买的流程、动机和原因，比那些费尽口舌却不讨好的推销方法要有效得多。而作为一名销售人员，你只有掌握了客户的心理，你才能在迅速变化的市场中占有一席之地。

但是，在实际销售当中，很多销售人员却都忽略了心理销售这一重要环节。然而，所有的销售人员都应该知道，销售工作是面对人的，可以说顾客就是市场。因此，销售人员在销售过程中应知道客户是如何想的，这比什么

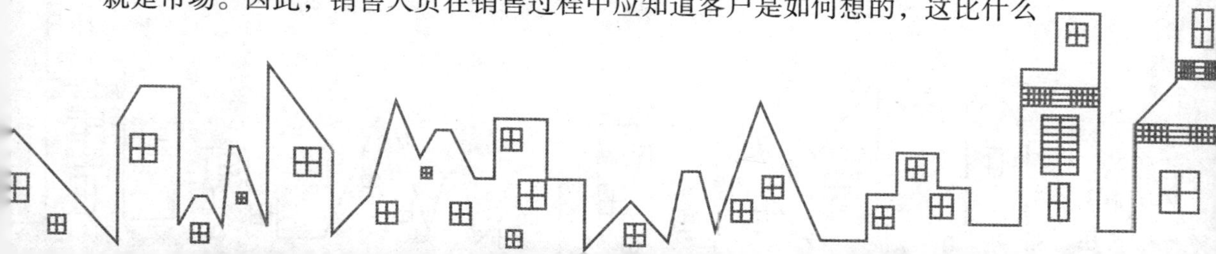

都重要。而那些不懂心理学的销售人员，却往往会起到适得其反的效果。

本书是一本结合销售实践和最新心理学研究成果的实用工具书，对销售人员在销售的过程中的不同阶段，消费者的不同心理，以及销售人员应该怎么去面对客户等方面都作了详细的介绍，相信会对销售人员的工作有着很强的指导作用。

所以，在销售中，你要想提升你的销售业绩，就一定要懂得察言、观色、攻心，真正明白心理学对销售的重要性，从而让自己成为销售行业中的一名佼佼者。

最后，祝大家都能实现自己的销售梦想，成为行业的销售冠军！

2009年12月于上海

目 录

第一章 销售产品前，先推销自己

第二章 销售人员应具备的心理素质

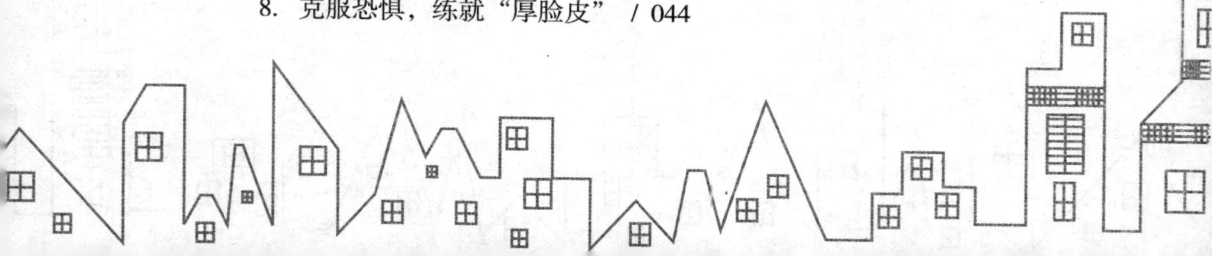

第三章　客户惯常的消费心理

第四章　客户行为背后的心理

第五章　看透不同类型客户的心理弱点

第六章　销售中常用的心理学“诡计”

第七章　销售人员必知的心理学效应

第八章　拉近与客户的心理距离才能赢得客户

第一章

销售产品前，先推销自己

1. 像商品一样，展示自己

世界上最伟大的销售人员乔·吉拉德曾说："推销的要点是，你不是在推销商品，而是在推销你自己。"他甚至还撰写了一部名为《怎样销售你自己》的著作，来专门阐述他的这一经典思想。

销售活动是由销售人员、客户以及商品三方面要素共同构成的。客户要购买商品，而销售人员则是连接客户和商品的桥梁，通过销售人员的介绍，使客户得到更多关于商品的信息，从而做出判断，决定买还是不买。而在这个过程中，虽然客户是冲着商品而来，但是客户最先接触到的却是销售人员。如果销售人员彬彬有礼、态度真诚、服务周到，客户就会对其产生好感，很有可能进而接受其推销的产品；相反，如果销售人员对客户态度冷淡、爱理不理、服务不到位，客户就会很生气、很厌恶，即使其产品质量很好，客户也会排斥。

销售强调的一个基本原则是：推销产品之前，首先要推销你自己。所谓对客户推销你自己，就是让他们喜欢你，相信你，尊重你并且愿意接受你，换句话说，就是要让你的客户对你产生好感。很多时候，销售人员就像是一件又一件的商品，有的相貌端正、彬彬有礼、态度真诚、服务周到，是人见人爱的抢手商品，所有的客户都喜欢；有的衣衫不整、粗俗鲁莽、傲慢冷淡、懒懒散散，就会令客户讨厌，甚至避而远之。

实际上，销售与购买，其实是销售人员与客户之间的一种交往活动。既然是交往，只有彼此之间产生好感，相互接受，才能够继续发展下去，并建立起比较稳定的关系。客户首先接受了销售人员，才会进而接受其产品。因此，销售人员在销售产品时，首先要让客户能够接受自己，对自己产生信任，这样客户才会接受其推销的产品。如果客户对销售人员有诸多的不满和警惕，即使商品再好，他也不会相信，从而拒绝购买。

因此，让客户接受自己，是销售人员的首要任务。

有一个基金销售人员，在他最初从事这一行业的时候，每次出去拜访客户，推销各式各样的基金，总是失败而归，尽管他也很努力。

后来这个销售人员开始思考，究竟是什么原因导致自己失败，为什么客户总是不能接受自己……在确定自己推销的产品没有问题后，那就说明是自己身上的缺点让客户不喜欢，因此导致客户拒绝接受自己的产品。为此，这个销售人员开始进行自我反思，找出自己的缺点，并一一改正。为了避免当局者迷，他还邀请自己的朋友和同事定期聚会，一起来批评自己，指出自己的不足，促进自己改进。

第一次聚会的时候，朋友和同事就给他提出了很多意见，比如：性情急躁，沉不住气；专业知识不扎实，应该继续学习；待人处世总是从自己的利益出发，没有为对方考虑；做事粗心大意，脾气太坏；常常自以为是，不听别人的劝告；等等。这个销售人员听到这样的评论，不禁感到汗颜，原来自己有这么多的毛病啊，怪不得客户不喜欢自己。于是他痛下决心，一一改正。而且他还把这样的聚会坚持办了下来，然而他听到的批评和意见却越来越少。与此同时，在基金销售方面，他签的单子也越来越多，并且受到了越来越多客户的欢迎。

可见，在销售活动中，销售人员自身和自己销售的产品同等重要，把自己包装好，让客户喜欢，客户才有可能购买你的产品。

由于客户在购买时，不仅要考虑产品是否适合自己，还要考虑销售人员的因素。在一定程度上，销售人员的诚意、热情以及勤奋努力的品质更加能够打动客户，从而激发客户的购买意愿。

影响客户购买心理的因素有很多，商品的品牌和质量有时并不是客户优先考虑的对象，只要客户从内心接受了销售人员，对其产生好感和信任，就会更愿意接受他推荐的商品。研究人员在一项市场问卷调查中发现，约有70%的客户之所以从某销售人员那里购买商品，就是因为该销售人员的服务好，为人真诚善良，客户比较喜欢他、信任他。这一结果表明，一旦客户对销售人员产生了好感，对其表示接受和信赖，自然就会喜欢并接受他的产品。相反，如果销售人员不能够让客户接受自己，那么其产品也是难以打动客户的。

销售人员在与客户打交道的过程中，要清楚自己首先是“人”而不是销售人员。一个人的个人品质会使客户产生不同程度的心理反应，这种反应潜在地影响了销售的成败。优秀的产品只有在一个优秀的销售人员手中才能赢得市场的长久青睐。

因此，你在向客户推销你的人品时，最主要的就是向他推销你的诚实。推销要用事实说服而不能用欺诈的手段蒙骗。诚实是赢得客户好感的最佳方法。客户总希望自己的购买决策是正确的，也总是希望从交易中得到一些好处，他们害怕蒙受损失。所以客户一旦觉察到销售人员在说谎或是故弄玄虚，他们会出于对自身利益的保护，本能地对交易产生戒心，结果就很有可能使你失去生意。销售人员要做到诚实须注意以下两点。

（1）在介绍产品的时候，一定要实事求是。好就是好，不好就是不好，万万不能夸大其词，或只宣传好的一面。

一位乳化橘子香精的销售人员在向客户介绍他们的新产品时，不但讲了优点，还道出了不足之处，最后还讲了他们公司将采取的提高产品质量的一系列措施。这种诚实的态度赢得了用户对他的信赖，订货量远远超出了该公司的生产能力。

（2）推销过程中遵守自己的诺言。

销售人员大多通过向客户许诺的方式来打消他们对产品的顾虑。如许诺会承担质量风险，保证产品的优质，保证赔偿客户的意外损失，并答应在购买时间、数量、价格、交货时间、服务等方面给客户最优质的服务和优惠。但是在自己没有能力确保兑现许诺之前，千万不能信口开河。

所以，从某种意义上说，销售人员在推销的过程中最应该推销的是自己。销售人员应该努力提高自身的修养，把自己最好的一面展现给客户，让客户对你产生好感，接受你、喜欢你、信任你。当你成功地把自己推销给了客户，接下来的工作就会顺利得多。

2. 塑造打动人心的第一印象

能否给客户留下好的第一印象，有时候在很大的程度上也影响着客户是否会接受并购买你的产品。对于销售人员来说，个人的形象是十分重要的，要想推销产品必须先推销自己，只有先把自己成功地推销给客户，客户才会考虑你的产品。

销售人员应该记住这样一句话："形象就是自己的名片。"心理学中有一种心理效应叫作"首因效应"，即人与人第一次交往中给人留下的印象在对方的头脑中形成并占据着主导地位的一种反应，也就是我们常说的"第一印象"。第一次见面给对方的印象会根深蒂固地留在对方的脑海里，如果你穿着得体，举止优雅，言语礼貌，对方就会心生好感，认为你是个有修养、懂礼仪的人，从而愿意和你交往；如果你服饰怪异、态度傲慢、言语粗俗，对方就会认为你是个没有修养、不求上进的家伙，从而心生厌恶，不愿意和你接触，即使你下次改正了，也难以重获对方的好感，这就是首因效应的作用。

某食品研究所生产了一种沙棘饮料，一名女销售人员去一家公司进行推销。她拿出两瓶沙棘样品怯生生地说："你好，这是我们研究所刚刚研制的一种新产品，想请贵公司销售。"经理好奇地打量了一眼面前这个女销售人员，刚要回绝的时候，他被同事叫过去听电话，便随口说了声："你稍等。"当这个"记性不好"的经理打完电话之后，早已忘了他还曾让一个女销售人员等他。就这样，那名女销售人员整整坐了几个小时的冷板凳。快到下班的时候，这位糊涂的经理才想起等他回话的女销售人员，看到她竟然还在等。面对这个"老实"又有点青涩的销售人员，这位经理觉得她比起经常乱吹一气的销售人员来更令人感到心里踏实，于是当场决定进她的货。

这个案例说明，一个合格的销售人员在与顾客交往的过程中，首先要用自己的人格魅力来吸引顾客。

在销售过程中，销售人员应该争取给客户留下良好的"第一印象"，博得客户的好感和认可。心理学家认为，由于第一印象的形成主要源自性别、年龄、衣着、姿势、面部表情等"外部特征"，所以在一般情况下，一个人的体态、姿势、谈吐、衣着打扮等都在一定程度上反映出这个人的内在素养和其他个性特征，对方会对其作出最基本的判断和评价。因此销售人员在初次面见客户的时候，一定要把自己最优秀、最美好的一面展现出来，使自己先得到客户的认可，然后再推销产品。如果客户对你的印象不好，即使你的产品再好，也会把对你的厌恶牵扯到商品上。

孙刚是一位销售新人，他的工作是销售各种防盗门窗。上班的第一天，老板就交给他一个很重要的任务，让他到一个很有钱的客户家里推销防盗门。在此之前已经有5位很有经验的销售人员去过，但都没有成功。

孙刚非常紧张，想着自己刚刚入行，没有经验，当他站在客户的家门口时，手脚都在不由自主地发抖。但他还是摁了门铃。一位中年妇女打开门，听他结结巴巴地做完自我介绍后，请他进了屋。

孙刚在那儿待了两个多小时，喝掉了十几杯茶，虽然表现得有些紧张，但出人意料的是那位女士却当场在合同上签了字，买下了价值1万元的防盗门。

在这之前，那位女士已经打发走了5位防盗门窗的销售人员，而且他们的开价都比孙刚的低。但是她为什么偏偏选择和孙刚签单呢？原因其实很简单，那位女士说："这个小伙子敦厚的表现让我放心，我喜欢这个小伙子。"

在那两个多小时的时间里，孙刚凭着他的谦恭、礼貌、真诚和可爱赢得了那位女士的信任，并最终谈好了这笔生意。他没有口若悬河地夸夸其谈，没有和客户谈折扣，没有用花言巧语来蛊惑客户，也没有表现得低三下四、唯唯诺诺或者趾高气扬、目中无人，仅仅靠自己正直的人格，换取了客户的喜欢和信任。

给客户留下了良好的第一印象是孙刚成功的关键。假如你能够被客户喜欢，那么你就已经成功了一半。

心理学研究发现，与一个人初次会面，45秒钟内就能形成第一印象。而且这最初的印象能够在对方的头脑中形成并占据着主导地位。销售人员一旦给客户留下不好的印象，就很难再纠正过来，毕竟很少有人会愿意花更多的时间去了解、证实一个留给他不美好的第一印象的人，而是愿意去接触那些给自己留下好印象的人。

因此，尽管有时第一印象并不完全准确，但在人的情感因素中起着主导作用。在销售过程中，销售人员可以利用这种效应，展示给客户一种比较好的形象，为下一步的销售工作打下良好的基础。

为此，销售人员在与客户初次见面时需要注意以下几点。

（1）服饰。销售人员着装的基本要求是干净整洁，既要符合时尚美感，又要恰当地体现个性的风采。干净整洁、搭配协调、适合自己的着装，会在举止之间流露出自然的美感和迷人的魅力。

日本推销界流行一句话：你若想要成为第一流的销售人员，就应该先从仪表修饰做起，先用整洁得体的服饰来装扮自己。一旦你决定进入销售行业，就必须对自己的仪表投资，这种投资也绝对是值得的。销售人员的着装一定要符合自身的性格、身份、年龄、性别、环境以及风俗习惯，不要赶时髦和佩戴过多的饰物。如果在穿戴方面过于引人注目，效果反而会适得其反。

（2）谈吐举止。销售人员与客户说话时，态度要谦逊有礼，让客户觉得你很有教养。彬彬有礼的人才会受到人们的欢迎。有一些问题是你必须避免的，如说话速度太快、吐字不清、语言粗俗、有气无力、态度不冷不热；爱批评、说大话、撒谎；油腔滑调、沉默寡言；太随便、与客户勾肩搭背、死缠烂打；抓耳挠腮、耸肩、吐舌、舔嘴唇、脚不住地抖动；不停地看表、皮笑肉不笑；东张西望、慌慌张张等。

（3）礼节。礼节是一个人内在文化素养及精神面貌的外在表现。作为销售人员，一言一行都要对公司的社会形象负责。客户都是很聪明的，他们只会和值得信赖、礼节端正的销售人员合作。讲究礼节的基本原则就是真诚、热情、自信、谦虚。围绕这几个基本原则去交往，必然能给客户留下彬彬有礼的印象。

3. 诚信让你的推销之路走得更远

“诚信”包括“诚实”与“守信”两方面内涵。诚信不但是推销的道德，也是做人的准则，它历来是人类道德的重要组成部分，在我们的日常销售工作中也发挥着相当程度的影响力。实际上，向客户推销你的产品，就是向客户推销你的诚信。

据美国纽约销售联谊会统计：70%的人之所以从你那购买产品，是因为他们喜欢你、信任你和尊敬你。因此，要使交易成功，诚信不仅是最基本的策略，也是最好的策略。

赫克金法则源于美国营销专家赫克金的一句名言：“要当一名好的销售人员，首先要做一个好人。”这就是赫克金所强调的营销中的诚信法则。美国的一项销售人员的调查表明，优秀销售人员的业绩是普通销售人员业绩的300倍的真正原因与长相无关，与年龄大小无关，也和性格内向外向无关。其得出的结论是，真正高超的销售技巧是如何做人，如何做一个诚信之人。

“小企业做事，大企业做人”讲的也是同样的道理，要想使大部分客户接受你，做个诚实守信之人才是成功的根本。

在推销过程中，如果失去了诚信，也许一笔大买卖就会泡汤。诚信有小诚信和大诚信之分，大诚信固然重要，却是由许多小诚信积累而成的。有时候，守了一辈子诚信，只因失去一个小诚信而使唾手可得的生意泡汤。推销高手们是最讲诚信的，有一说一，实事求是，言必信、行必果，对顾客以诚信为先，以品行为本，使顾客信赖，使用户放心地同你做交易。

对于一个销售人员来讲，顾客就是上帝，顾客有权拒绝。然而，当优秀的销售人员带着不错的产品，一次次真诚地拜访时，最终总能赢得顾客的青睐。产品不是万能的，任何产品都有它起作用的范围和无法起作用的范围。这是一个基本常识。但是，在某些销售人员看来，他们的产品就是万能的，他们向客户介绍产品时，恣意夸大产品的性能，这无疑为他们日后的推销工作带来了隐患。

有一位成功的销售人员，每次登门推销总是随身带着闹钟。交谈一开始，他便说：“我打扰您10分钟。”然后将闹钟调到10分钟的时间，时间一到闹钟便自动发出声响，这时他便起身告辞：“对不起，10分钟到了，我该告辞了。”如果双方商谈顺利，对方会建议继续下去，那么，他便说：“那好，我再打扰您10分钟。”于是闹钟又调到了10分钟。

大部分客户第一次听到闹钟的声音，很是惊讶，他便和气地解释：“对不起，是闹钟声，我说好只打扰您10分钟的，现在时间到了。”客户对此的反应因人而异，绝大部分人说：“嗯，你这个人真守信。”也有人会说：“咳，你这人真死脑筋，再谈会儿吧！”

销售人员最重要的是要赢得客户的信赖，但不管采用何种方法，都得从一些微不足道的小事做起，守时就是其中一种。这是用小小的信用来赢得客户的大信任，因为你开始答应会谈10分钟，时间一到便告辞，就表示你百分之百地信守诺言。

在当今竞争日趋激烈的市场条件下，信誉已成为竞争制胜的极其重要的条件和手段。唯有守信，才能为销售人员赢得信誉，谁赢得了信誉，谁就能在市场上立于不败之地；谁损害或葬送了信誉，谁就要被市场所淘汰。销售人员想要赢得客户的信赖，不管采用何种方法，都得从一些微不足道的小事做起，从每一个细节表现你的真诚，以此告诉顾客：我是个诚信之人。

诚实守信，以诚相待，是所有推销学上最有效、最高明、最实际也是最长久的方法，林肯曾经说过：一个人可能在所有的时间欺骗某些人，也可能在某些时间欺骗所有人，但不可能在所有的时间欺骗所有人。对于销售人员来说道理也同样如此，在一个信息传播日益迅速的市场环境下，销售人员的小手段、小聪明是很容易被看破的，即便偶尔取得成功，这种成功也是相当短暂的。要想赢得客户，诚信才是永久的、实在的办法。

要做到诚信，是件很不容易的事情。而违反诚信法则的人，是无法在这个行业中生存下去的。美国销售专家齐格拉对此深入分析道：一个能说会道却心术不正的人，能够说服许多客户以高价购买劣质甚至无用的产品，但由此产生的却是三个方面的损失：客户损失了钱，或多或少的丧失了对他的信任感；销售人员不但损失了自重精神，还可能因这笔一时的收益而失去了成功的推销生涯；从整个行业来说，损失的是声望和公众的信赖。

那么，销售人员如何表现自己的真诚呢？下面是一些秘诀，它们有助于你成功推销自己。

（1）不夸大事实。有些人吹牛吹得没有分寸，歪曲了事实。更可悲的是，时间一久，这些人也相信自己所夸大的事实了。因此，不要绕着事实恶作剧。不要在它的边缘兜圈子，更不要歪曲或渲染它。

（2）三思而后言。这点其实很容易做到的。也许你讲话过快，以至于中心意思不够突出。或者你表达能力较差，无法有序表达自己的观点。这都不要紧。只要耐心等待，直到自己的声带与大脑完全合拍，这样你再开口则基本不会出现任何问题了。

（3）用宽容调和矛盾。矛盾常常是尖锐的，但仍然要说出来。“不过”——这个“不过”不是表示可以说谎，它只是表示要缓和事实，使它不致伤害一个人的情感，要说真话，但要避免使对方感到困窘。

（4）别为他人做掩护。有时候，你可能会遇到别人要求你为他说谎，或为他们掩饰实情。要记住，你不可以这样做。一个老板最差劲的行为，就是强迫他的雇员为他说谎，而这也是一个雇员要做的最困难的决定：我应该为老板说谎吗？

先试着拒绝这样做，你将惊讶于自己的诚实和勇气。你的老板可能最惊讶，或许因此对你有一份崭新的尊敬，从此不再要求你为他掩饰。但是，如果他的反应不是这样呢？给你一个率直而诚恳的建议——辞职。

当然，你自己在出现错误的时候，也不能要求别人替你说谎掩饰，正所谓“己所不欲，勿施于人”。

4. 做真实的自己

“做真实的自己”是2000多年前希腊大哲学家苏格拉底的一句名言。这句话包含了无穷的真理，假如我们能领悟这句话的真谛，并且认真实践的话，一生必将受益无穷。

纵观世界上那些在各行各业成功人士的经历，你将不难发现他们成功的要诀在于他们有充分的自知之明，也就是经由认识自己之后，不断改造自己，才能逐步走向成功之路。

美国一些大公司在招聘销售人员的时候，总会问这样一个问题："你为什么要做销售人员？"对于这个简单的问题，大部分的应聘者会回答"我喜欢这个有挑战性的工作""为了实现自己的梦想"等。做出这样回答的应聘者一般是不会被录取的。相反，如果应聘者说"为了赚钱"，招聘者反而会露出满意的笑容，祝贺他被录用。

说"为了赚钱"似乎有点低俗，但为什么被录用了呢？这是因为从这个回答中，招聘者能够看到应聘者所拥有的一颗真实的心。拿破仑曾说："不想当将军的士兵不是好士兵。"这句话套用到销售人员身上，就可以这样说："不想赚大钱的销售人员不能成为一个顶尖的销售人员。"事实也确实如此，一个不想赚大钱的销售人员一般都不能创造良好的业绩。

当然，成功的销售人员也不例外，我们以日本保险业销售泰斗原一平为例吧。

原一平在27岁时进入日本明治生命保险公司，开始了他的推销生涯。在他从事这份工作之初，他穷得连午餐都吃不起，只能露宿街头。但一个极为偶然的机会，这位落魄的销售人员因为一位老和尚的一席话而改变了一生。

有一天，他向一位老和尚推销保险。原一平详细地说明之后，老和尚平静地说："听完你的介绍之后，丝毫没有引起我投保的意愿。"

老和尚注视原一平良久，接着说："人与人之间，像这样相对而坐的时候，一定要具备一种强烈吸引对方的魅力，如果你做不到这一点，将来就没有什么前途可言了。"

原一平哑口无言，冷汗直流。

老和尚又说："年轻人，先努力改造自己吧！"

"改造自己？"

"是的，要改造自己首先必须认识自己，你知不知道自己是一个什么样的人呢？”

老和尚又说：“你在替别人考虑保险之前，必须先考虑自己，认识自己。”

“考虑自己？认识自己？”

“是的，赤裸裸地注视自己，毫无保留地彻底反省，然后才能认识自己。”

老和尚的这一席话，如醍醐灌顶，原一平终于明白了自己失败的原因所在。他从此努力认识自己，锤炼自己，终成一代推销大师。

认识自己，看起来简单，其实相当困难。必须经由自我剖析与别人批评的过程之后，才能够逐步认识自己。大多数人对自己都没有信心，经过自我剖析之后，发觉自己的长处，知道自己性格的弱点，相信自己的能力，确定自己努力的方向，从工作中找到自己，也拾回了信心。那么，又如何自我剖析呢？最简单的方法就是永远留一只眼睛注视自己，随时反省。

宫本五藏、柳生又寿郎是日本历史上两位一流的剑客，宫本是柳生的师父。

当年，柳生拜师学艺时，问宫本：“师父，根据我的资质，要练多久才能成为一流的剑客呢？”

宫本答道：“最少也要10年！”

柳生说：“哇！10年太久了，假如我加倍努力地苦练，多久可以成为一流的剑客呢？”

宫本答道：“那就要20年了。”

柳生一脸狐疑，又问：“如果我晚上不睡觉，夜以继日地苦练，多久可以成为一流的剑客呢？”

宫本答道：“你晚上不睡觉练剑，必死无疑，不可能成为一流的剑客。”

柳生颇不信服地问：“师父，这太矛盾了，为什么我越努力练剑，成为一流剑客的时间反而越长呢？”

宫本答道：“要当一流剑客的先决条件，就是必须永远保留一只眼睛注视自己，不断地反省，现在你两只眼睛都看着一流剑客的招牌，哪里还有眼睛注视自己呢？”

要当一流的剑客，光是苦练剑术不够，必须永远留一只眼睛注视自己，不断地反省；要当一流的推销家，光是学习推销技巧也不够，也必须永远留一只眼睛注视自己，不断地反省。

要认识自己，必须依靠自己与别人，“依靠自己”就是前述的自我剖析，“依靠别人”就是他人的批评。由于自我剖析往往不够客观与深入，因此得依赖他人的批评。

对大多数人而言，向自己坦白短处或向别人承认过错，都是非常难堪的事。因此，许多人总是纵容自己，一旦发生错误总是找借口原谅自己，得过且过。只有少数人深知一定要自我剖析，最终才可获得丰硕成果。他们明白，只有从自我剖析中，才能看清自己的优缺点，才能肯定自我，发挥所长。

我们知道自己的长处，并发挥自己的长处，不但容易获得别人的尊重，自己也会因为工作上的表现，提高自信心，进而肯定自己。目前根据心理学家的统计，人类所使用的能力大约仅占其全部能力的2%。换言之，还有98%的能力尚未使用，人类的长处大都还没有开发。如何开发自己的长处，可通过前述“自我剖析”了解自己的优、缺点，也可通过“他人的批评”获悉自己的长、短处。

销售人员是一个特殊的群体，他们可以说是商战中的特种兵，是集大智大勇、将帅风度、谋士气质、斗士勇气于一身的特种人才。他们在推销产品的同时，实际上也是在推销自己，包括自己的业务水平、谈判技巧、为人品德等综合素质，这些都可以形成一种影响力，它决定着客户会不会信服你、接受你。做好真实的自我，相信真实的自我，这是使销售人员充满力量，让客户喜欢自己的根本途径。

5. 展示你灵活聪慧的应变力

生活中，我们难免会遇到一些出乎意料的突发状况，而此时，就是对人们的适应能力和应变能力的一种考验。如果应变能力强，就能冷静地、理智地分析状况，通过巧妙的方法灵活地应对，最终化险为夷，使自己摆脱困境。而如果没有灵活的应变能力，遇事慌张，不知所措，甚至鲁莽行事，则很容易把事情搞砸，使自己蒙受损失。因此，应变能力是我们每个人必不可少的一种本事。

对于销售人员来说，应变能力是其要具备的最起码的素质，是确保销售获得圆满成功的一个先决条件。在日常工作中，销售人员所接触的客户是十分广泛和复杂的，什么样的客户都有，其中不乏一些固执的、冷漠的、倔犟的、蛮横的、傲慢的客户，如果没有灵活聪慧的应变能力，那么就很难适应并应对不同客户的要求。这样就会给销售工作带来很大的阻碍和损失。

有一个推销员当着一大群客户的面推销一种不会摔碎的钢化玻璃酒杯。

他在进行商品说明之后，就向客户示范，可他万没想到，他碰巧拿了一只质量不过关的杯子，猛地一摔，酒杯砸碎了。

客户们哄堂大笑。

这位推销员先是一愣，之后灵机一动，沉着而幽默地说："你们看，像这样的杯子，我就不会卖给你们。"

结果又是一场哄堂大笑。

之前的笑更多的是怀疑和嘲讽，而这次的笑，却是赞赏和愉悦地笑。销售员用自己沉着冷静的应变力化解了尴尬局面，不仅没有因此而失掉客户，还获得了大量的订单。

可见，应变能力如此重要。虽然随机应变没有什么定式，但是可以在突发事情面前，巧妙地避开和化解不利因素，抓住有利因素，从而帮助销售人员做到不因为意外事件而影响成交，甚至能扭转劣势，促成交易。

要有效地发挥自身的应变能力，销售人员就不能仅仅是死板地例行公事、墨守成规，而应该善于发现新情况、新问题，从销售实践中总结新经验。对于销售工作中遇到的新事物、新问题，能够认真分析、勇于开拓，大胆提出新设想、新方案；在突发事件面前要沉着冷静，理性处理，想方设法化解不利因素，而不能盲目行事。

应变能力体现出来的是人们的一种自信和智慧，以及乐观的心态，因为同样的问题，消极悲观的人不会主动地去应对，而是选择逃避和放弃，积极乐观的人则不会放弃，而是积极应对，突破障碍，把事情往好的方向引导。

随机应变需要销售人员有灵活的头脑，说话做事要恰到好处，不过分也不虚假，这样才会让人信服，给人留下好印象，使人们对其产生好感，化劣势为优势，不得罪和伤害客户。

小王在职业学校毕业后开了一家理发店，由于手艺精湛，加之他伶牙俐齿，生意十分红火。

一天，他给第一位顾客理完发，顾客照照镜子说："理得太长。"小王在一旁笑着解释说："头发长，显得有风度，魅力四射，你没看到，那些大牌影星都是像你这样的发型。"顾客听了，心里很高兴，愉快地付钱走了。

小王给第二位顾客理完发，顾客照照镜子说："头发剪得太短。"小王笑着解释："头发短，显得有精神，朝气蓬勃，人见人爱。"顾客呵呵一笑说："是吗？那就好，那就好！"

小王给第三位顾客理完发，顾客一面付钱一面笑道："时间挺长的。"小王笑着解释："为'首脑'多花点时间，很有必要。"顾客大笑不止，挥手告辞。

小王给第四位顾客理完发，顾客一边付款一边笑道："动作挺利索，

20分钟就解决问题。”小王笑道：“如今，时间就是金钱。速战速决，为你赢得时间和金钱，何乐而不为？”顾客满意地点点头说：“嗯，很好，下次还来你这里理发。”

美国营销学家卡塞尔说：“生意场上，无论买卖大小，出卖的都是智慧。”而销售人员的应变能力就是一种智慧的体现，没有智慧，也就不会拥有这种神奇的能力。销售人员每天要接触很多的客户，而客户的性格、爱好、品性又各不相同，这样就可能会在销售的过程中出现很多不曾出现过的状况，或者遇到没有经历过的难题，这都是很正常的事情。销售人员不应该因为自己没有经历过，就失去信心和勇气，产生畏惧心理，惊慌失措，不知所云，这样只会给客户留下不好的印象，只会阻碍销售工作的顺利进行。

6. 拥有让自己光彩四射的才华

才华也是吸引别人的一种资源，有才华才有魅力。在销售工作中，那些有能力、有素质，能把自己的业务做到炉火纯青地步的销售人员，往往会受到客户的欢迎和喜欢。而相反，只会死板地说教，没有任何特长的销售人员，是很难让客户对其及其推销的产品产生兴趣的，而这样的推销也是不会取得好成绩的。

秦枫是一家语言教材公司的推销员。

一次，他在电话里向一位客户推销“在短期内必能说流利英语”的语言磁带，尽管他把自己的产品夸得天花乱坠，并且推销的技巧也很高明，但是说了半天，却丝毫没有引起客户的兴趣。秦枫仍然不肯死心挂断电话，这时客户有些不耐烦了，他对秦枫说："如果你能把你刚才的话用英语重复一遍给我听，我就购买你们的英语磁带。"这时秦枫一下子傻眼了，让自己用英语做简单的交流都难，怎么可能把自己刚才说的那么多话都用英语说出来呢！他愣了一会儿，"咔嗒"把电话挂断了。自己推销的商品是让人短期内说一口流利的英语，而销售员自己却根本说不成流利的英语，怎么能让客户相信，怎么能说服顾客购买自己的产品呢？

经此一事，秦枫开始认真地进行自我反思。他认识到，要想成为一位出色的销售员，要想顺利地说服客户，就必须让自己看起来很棒，要对自己的业务有足够的把握。也就是说，要说服客户购买自己的能让人短时间内说一口流利英语的磁带，最起码销售员自己应该能够说一口流利的英语。这样才能让客户信服。于是秦枫自己先买了一套语言磁带，并下苦功认真地学习，很快他就成了英语口语高手。此外，他还积极地了解行业的最新发展状况，发现自己商品的优势，并充满自信地去推销。

一次极偶然的机会，他又一次联系到之前拒绝他的那位客户，这次秦枫的表现令客户大吃一惊。客户不禁对他肃然起敬，并由衷地赞叹道："你真棒，我很佩服你。"最后他们之间建立起了长期的合作关系，那位客户还主动帮助他推介这款产品。

秦枫过硬的素质受到了很多客户的敬佩，与他接触过的客户都会夸奖他很棒。很快秦枫就因为表现突出，被提升为销售主管，但是他一直牢记那次的教训，总是时刻提醒自己："要让自己看起来很棒。"

销售人员推销产品，就像是在舞台上针对客户所做的一场表演，要想感染客户，说服客户，就要表演得精彩，把自己的才华和魅力全部展现出来，只有你表演得精彩，才会得到客户的喝彩。

因此，销售人员要不断地提高自身的学识和修养，最起码应该熟练地掌握自己最基本的业务，这样在客户面前才不会显得外行。如果你知识渊博、满腹经纶，对什么都能说得头头是道，那么不仅可以找到与客户的共同语言，还能够用自己的才华来征服客户，让客户对你心悦诚服，那么销售产品也就是顺理成章的事情。如果一个销售人员对自己推销的产品或者业务都不熟悉，那么怎么可能让客户信服。因此，销售人员在客户面前一定要表现得很棒、很优秀，才能赢得客户的信赖。

销售人员不能只是夸夸其谈，要有真才实学，这样才能做到“真金不怕火炼”，表面上说得富丽堂皇，而自己却没有真才实学，一旦被客户切中要害，便会无以应对。对于销售人员来说，拥有过硬的业务水准和高超的职业技能是十分重要的。没有哪位客户会喜欢那些没有才学的销售人员。没有才学，也就没有了吸引客户的资本，只能做一个普通的销售人员，无法得到广大客户的认可。因此，销售人员绝不能眼高手低、掩耳盗铃。

才华是一种资源，能够增加销售人员自身的魅力。一个有才华、有能力的销售人员必然会受到客户的敬佩和喜欢。首先，销售人员要对自己的公司、自己销售的产品知识有充分的了解和深入的掌握，要注重平时的磨炼和积累，通过各种途径不断地学习与提高，充分掌握关于自己公司产品的所有知识，以--个专家身份向顾客介绍自己的产品；其次，销售人员还应该多关注及了解行业间的发展动态，及时掌握最新的行业信息，找准产品的优势及卖点，重拳出击，强力推销。销售人员只有不断地提高自己的业务水平，增加自身的内涵，并善于表现自己，以熟练的技能和博学多才来换取客户的青睐。

7. 自我肯定，让自己高大起来

生活中，人们总是会或多或少地拿自己和别人相互比较。通过比较，人们会发现自己和他人的差距，了解自己的缺点和优势，并激发自己的上进心，向好的榜样努力学习，不断地提升自己，这是比较积极的作用。但是如果在比较过程中，人们找错了对象，选错了方法，就会产生不良的影响。比如，用自己的优点与别人的缺点进行比较，和用自己的缺点与别人的优点进行比较，其产生的结果是截然不同的。

因此在现实生活和工作中，人们应该进行合适的、理智的比较，而不是胡乱对比，给自己造成巨大的挫伤和打击。正确地认识和评估自己才能确定自己的位置，做好自己应该做的工作，不因贪羡别人而妄自菲薄。

在销售工作中，通过业绩的对比来对销售人员进行评价是通用的一种方式。领先的人继续努力，落后的人加紧追赶，大家都为了做出更好的成绩而不懈努力。但是有的销售人员面对自己平平的业绩就会失去信心，甚至妄自菲薄："我怎么可能超过人家。""我太笨了，不行的！"这样的销售人员在内心完全否定了自己，觉得自己没办法和身边的成功人士进行比较，总觉得自己低人一等，认为自己不会有什么出息。有了这样的心理，在工作中就不会努力突破自己，甘愿做最后一名。

妄自菲薄是一种消极的心理。很多时候，销售人员会因为自己家庭状况不好、经济收入不多、文化水平不高、社会地位低下等因素而不由自主地否定自己，因自己的现状而感到自卑，在销售时便缺乏应有的自信，变得懦弱和谦卑。"我只是一个普通高校的本科生，人家可是名牌大学的博士，我怎么比得过他啊？""人家可是有头有脸的大人物，会接见我这个卑微的小推销员吗？""还是算了吧，凭我的实力根本就完成不了这个任务。"这样的消极心理完全吞噬了销售人员的自信和激情，使销售人员只会不断地埋怨自己、责怪自己、贬低自己，而不去主动地改变和提高自己。

小李是一个大专毕业生，毕业以后进入一家保险公司当业务员。初出茅庐的他想要好好地表现自己，于是干劲十足地投入工作中，并且取得了一定的成绩。在与同事的接触过程中，他渐渐地发现公司里面的业务员大多是名牌大学的博士生和硕士生，学历稍低一点的也都是重点大学的本科生，这让小李觉得压力很大，一个专科生跻身在一大群比自己学历高的人中间，多少有些不相配。小李总觉得自己就像是羊群里的骆驼，大家都在注视着他。

公司每个月都有业绩评比，如果小李做得稍微好一点，他就对自己说，这是瞎猫碰上死耗子，侥幸而已；当自己落后，同事都排在自己前面时，他又会对自己说，应该的，人家都比自己学历高，业绩比自己好也是理所当然的。而且每次约见大客户时，小李也总会把机会让给同事，觉得自己不配去和那些大老板谈判。即使去了人家也会瞧不起自己的，所以就不自讨没趣了。小李的这种心理使他越来越不自信，只是天天在公司打电话，而不敢出去约见客户，一直业绩平平，没有进步。

妄自菲薄既是对自己心灵的严重打击，也是对自己的不尊重和不负责任。试想，如果一个人连自己都看不起自己，还有什么资格去要求别人看得起你？人活着应该有自己的尊严，不管自己身处什么环境之中，不管自己身份多么卑微，都要看得起自己，努力争取自己应当拥有的权利，并不断地提高自己，以此赢得别人的尊重和敬佩。自暴自弃是最愚蠢的做法，渴望用自己的可怜来换取别人的同情是行不通的。

要想让别人看得起，首先就要自己看得起自己。工作之中存在差距是很正常的事情，造成自己落后的原因有很多方面，可能是自己的方法不对，可能是自己的努力不够，而不能简单地把原因归结为别人聪明，而自己愚笨。这是极不负责任的说法。人与人之间在智商方面没有太大的差别，关键是在主观能动性方面，因为你不够积极，不够努力，所以你才落后。文化水平不高可以弥补，能力不足可以提高，只要你认真地去做，是没有什么不可以的。销售人员不要轻易地给自己下结论，说自己笨，说自己没能力。只要你愿意付出比别人多的努力，得到的回报也会比别人多得多，这是一个不争的事实。所以销售人员在面对失败的时候，需要的不是自责和抱怨，而是面对事实，冷静地分析失败的原因，找出自己的差距，并努力弥补，这才是销售人员最应该做的事情。

销售人员在遇到困难和挫折时，在面对与他人的差距时，千万不能妄自菲薄、自暴自弃，而应该正确地认识和评价自己，选择奋起直追，而不是自怨自艾。宁可花费比别人更多的时间和精力，流更多的汗水和泪水去换取进步，也不能临阵脱逃，承认自己的懦弱和无能。

第二章

销售人员应具备的心理素质

1. 自信，方能赢得客户认可

拥有积极心态，才会做出更大的成绩。积极来源于信心，销售人员只有对自己充满信心，对自己所在公司和所销售的产品信心十足，才会充满无尽的激情和动力，在销售工作中积极地争取、执着地奋斗、勇敢地面对，这就是信心的力量。克服自信心不足的心理弱点，提高自身的心理素质，增加前进的动力，以积极的姿态面对工作，面对客户，并努力争取成功。

当你和客户会谈时，言谈举止若能流露出充分的自信，则会赢得客户的信任，而信任，则是客户购买你的商品的关键因素。在导致一个销售人员失败的消极态度中，罪魁祸首就是他先对自己失去了信心，认为自己无法将商品售出。“销售人员与运动员一样，也应毫不气馁地工作，一个人的思想对自己的行动有很大影响。”不要对自己失去信心，即使真的没成功，也不要失望，因为这也在情理之中。

自信可以为你的商品增色许多。对于客户，自信比你的商品还要重要。有了它，你就不愁反败为胜了。自信的销售人员面对失败仍然会面带微笑，“没关系，下次再来”。他们在失败面前仍会很轻松，从而能够客观地反省失败的销售过程，找出失败的真正原因，为重新赢得客户的青睐而创造机会。

由此可见，销售人员必须表现出自信。客户通常较喜欢与才能出众者交手，不希望与毫无自信的销售人员打交道。再者，他们怎么能够情愿和一个对自己的推销能力及商品都缺乏信心的人洽谈生意，并购买商品呢？

“我一定能成为公司的第一名”——对于销售人员，这样的誓言是事业上一个有力的起点。拥有必胜的信念，对于销售人员来说，相当重要。

世界上最伟大的销售员乔·吉拉德，早年由于事业失败、负债累累，更糟糕的是，家里一点食物也没有，更别提供养家人了。

他拜访了底特律一家汽车经销商，要求得到一份销售的工作。经理见吉拉德貌不惊人，并没打算留下他。

乔·吉拉德说："经理先生，假如你不雇佣我，你将犯下一生中最大的错误！我不要有暖气的房间，我只要一张桌子，一部电话，两个月内我将打破你最佳销售人员的纪录，就这么约定。"

经过艰苦的努力，在两个月内，他真正做到了，他打破了该公司销售业绩纪录。

对于销售人员来讲，"信念"是一个必须强调的名词。本来，在推销界就非常看重信念与意志。而销售人员当中的绝大部分人，现在都担负着从所未有的很高的工作定额，以至于不得不把全部精力投入到紧张的销售活动中去。因为只有在销售领域获胜，才会给企业带来繁荣。随着经济萧条和商品销售竞争的逐步激烈化，在推销界，有越来越多的人认识到信念的重要性。就销售人员的信念来说，最主要的一点就是对销售的强烈追求而形成的信念。

每年都要确定自己的目标，以达到这个目标，并以突破这个目标为目的而努力奋斗。这样一来，工作定额就成为必须完成的任务了。从而使自己产生一种强烈的销售欲望：无论如何要达到目的。进而起到督促、鞭策自己的作用。而且，每天都要检查工作定额的完成情况，并与前一天的数字相比较。为了弥补其间的差额，再反复推敲自己预先制订好的销售方案，一旦确定，立刻付诸行动。每天在工作定额完成之后，要立刻检查定额突破后销售数量的增长率。若是与前一年相比增长率下降的话，就要反复思考，究竟怎样才能提高增长率，动脑筋研究新方法，随即依此开展行动。

如此这般，每天都保持旺盛的销售欲望，就是信念培养法。这样去开展销售的话，肯定会自然而然地产生一种强烈欲望。我要去工作！这种内心萌发的对于工作的渴望，正是信念的奇妙效用。

为了做到这一点，就必须实行自我限制，就是为了把自己培养成一个出色的人所需要具备的奋斗精神与进取心。

每个公司都欣赏销售人员拼命夺取胜利的性格，作为销售人员，我们也必须对工作全力以赴，不能有丝毫保留。记住，惰性与挫折难以避免，轻易放弃是可耻的，不能让业务工作中的困难和障碍消磨掉你的斗志和决心，一旦放弃或是对工作敷衍，那么对一个销售人员来讲就是失职的。

无论你在任何时候，遇到任何事情，都要保持积极必胜的信念。因为唯有积极必胜的信念，才能支持你走过漫长的销售生涯，直至最后取得成功。

自信是积极向上的产物，也是一种积极向上的力量。自信是销售人员必须具备的，也是最不可缺少的气质之一。那么如何才能表现出你的自信呢？

（1）衣着整齐，挺胸昂首，笑容可掬，礼貌周到，对任何人都亲切有礼，细心应对。这样，就容易使客户对你产生好感。如此，你的自信也必然会自然而然地流露于外表。

（2）面对客户的无礼拒绝，销售人员更要坚定信心。销售人员经常是非常热情地敲开客户家的门，却遭到客户的冷言冷语，甚至无理侮辱。这时，你一定要沉住气，千万不要流露出不满的言行。要知道，客户与你接触时，并不会在意自己的言行是否得体，反而总是在意你的言谈举止。客户一旦发现你信心不足甚至丑态百出，则对你的商品就更不会有什么好感了。即使他认为你的商品质地优良，也会得寸进尺，见你急于出手，便乘机使劲压价。客户这样做，就是因为你失去了自信。

（3）要对自信善加把握。自信既是销售人员必备的气质和态度，也可说是能倍增销售额的一个妙计，因为自信也要把握分寸，不足便显得怯懦，过分又显得骄傲。

自信会使你的推销变成一种享受，你就更不会讨厌它了。想一想就会明白，不自信的销售人员一定会把推销当作是遭罪，是到处求人的令人厌烦的工作。然而自信却能使你把推销当作愉快的生活本身，既不烦躁，也不会厌恶，这是因为你会在自信的推销中对自己更加满意，更加欣赏自己。如果你对自己和自己的商品充满了自信，那你自然就会拥有一股不达目的誓不罢休的气势。

2. 忍让与业绩成正比

作为销售新人，有时觉得好像活在天堂，有时又觉得仿佛身在地狱。方才还与上一位客户热情地交谈，此刻却吃了下一位客户的“闭门羹”。不论是谁，当访问遭到拒绝时，心里一定很窝火，为了发泄心中的不快，有时难免发几句牢骚，甚至气愤地大骂，或是摔打东西。而这样的后果，往往是导致自己心情更糟糕，说得严重一点，这样的脾气将会让你的销售事业提前终结。因此，初涉销售行业的新人务必要学会控制自己的情绪，学会忍耐。

但人们在控制自己的情绪方面，总是容易走上极端，要么消极悲观、妄自菲薄，要么盲目自大、自以为是。这些情绪在销售工作中都是要不得的。妄自菲薄只能让人陷入沉沦的泥潭，盲目自大则会使人走向失败的深渊。

自大是一种脱离实际的盲目自信的表现。这样的人总是觉得自己什么都可以做得比别人好，自己不需要任何人的帮忙。他们虽然有一定的才华和能力，却把这仅有的才华和能力无限地放大，常常言过其实，而在真正做事的时候却是眼高手低，勉强为之，甚至根本就做不了。

自大的人，往往缺少应有的礼貌，没有谦逊的品质，在人前只会一味地吹嘘自己，看不出大家风范，反倒是透着一股小家子气。盲目自大，一味吹嘘，可能会换回别人一时的赞叹，但是最终还是会因为名不副实而使自己的名誉受损，成就减半。工作中盲目自大的情绪是要不得的，从近处来说，盲目自大会限制发展；从长远来看，盲目自大则会断送自己的前程。

自大的人总认为自己是了不起的人，但事实上他们往往是最没有本事和能力的人，因为有本事的人只用实际行动来说明问题，而不是靠一张嘴来炫耀。盲目自大的人，因为看不见别人的优点，便过高地评估自己，而过低地评估别人。就像是刚学了几套拳脚的人，稍微比别人强一点，就觉得自己已经身怀绝技，武功盖世，所以便到处称雄，颇有打遍天下无敌手的气势，当碰上了真正的对手，才知道自己是多么的不堪一击。

日本“推销之神”原一平刚进入保险公司，就向一家大型汽车公司推销企业保险，可是听说那家公司一直以不参加企业保险为原则，无论哪个销售人员，都没能打动公司总务部长的心。而原一平连续两个月去拜访这位总务部长，从没有间断过，最终总务部长被原一平的这种精神打动了，决定见他一面，看一下他的销售方案，但没想到总务部长只看了一半，就对原一平说：“这种方案，绝对不行！”原一平回去后对方案进行了反复的修改。第二天，他又去拜访总务部长。可是，这位部长冷淡地说：“这样的方案，无论你制订多少都没用，因为我们公司有不参加保险的原则。”原一平气往上冲，对方说昨天的方案不行，自己熬夜重新制订方案，可现在又说拿多少来都没用，这不是在戏弄人吗？但是，他转念一想，我的目的是推销保险，对方有所需，自己的保险对其有百利而无一害，这单生意完全有可能成交。于是，原一平冷静下来，说了声：“再见！”就告辞了。从此以后，他仍坚持游说这位部长，一天又一天，一次又一次……终于，原一平凭着自己的忍耐力，促使对方签订了企业保险合同。

一般来说，销售新人在与客户交往时，要有一种自控、忍让的能力和观念，但这绝不意味着放弃和退缩。要做到既忍让又不失原则，就必须做到反应灵敏，事先多制订几个方案，做到有备无患。

那么，作为一名初出茅庐的销售新人，当我们遭遇挫折的时候，我们究竟怎么做才能控制自己的情绪呢？

（1）承认自己情绪化。比如，害怕明天去拜访客户，我们可以告诉自己：“我害怕拜访客户，但是我会努力做好的。”当我们自我鼓励时，就表明我们承认自己有情绪，同时自己要努力调整好情绪。这时我们会发现，情绪消失得无影无踪了。

（2）设法平息内心的波动。对于销售新人而言，刚开始拜访客户难免情绪激动，通过转移注意力可达到这一目的。比如，翻阅杂志或相册，从而使头脑保持镇静；把注意力集中在一个比较中意或崇拜的人身上；花几分钟时间回忆一下开心的往事；在脑海中构思美好的明天；借助音乐来调节情绪。

需要特别强调的是，推销工作包括重要日常事务和各种突发事件，销售新人要想干好这一切，必须学会忍耐。培养这种能力是很重要的，销售新人既要在心理素质上具备这种能力，又要在工作当中具备这种能力。这是成为一名优秀销售人员必须具备的基本能力。

因此，销售新人在客户面前应努力驾驭自己的情绪，控制自己的脾气，克服自己习以为常的行为习惯，征服自己的意念。优秀的销售人员之所以优秀，就是因为他们都能驾驭自己的情感。如果说生活的前沿阵地上，我们面对的是失败、挫折等形形色色的客观敌人，那么在后方，我们面对的却是主观上的敌人——脾气。你也许从小到大都认为，自己的情感是无法选择和控制的。因为作为销售新人，被拒绝、被指责、被误会在所难免，总有好多事情让你不由自主地气愤、忧愁、愤怒。这是由销售人员这个职业的特点决定的。如果你想在销售上取得成功，那就必须做到“忍字当头”，冷静处理种种事端。

3. “好脾气”创造好业绩

对于销售人员而言，坏脾气偶尔会被看成是魄力与决断的代名词，但是如果不加控制地乱发脾气的话，不仅会使心中的怒火难以化解，还会使事情的局面恶化，严重者会使群体遭殃。同时，相互之间的推诿、争论、猜疑和不信任就会相继而来，这样无形之中就会产生一种不和谐的气氛，一旦这样的不良气氛肆意蔓延，就会给许多销售人员罩上不利的“晦气”。销售现实利益和潜在利益都会成为坏脾气的陪葬品。

很多销售人员总把自己比喻成是“风箱中的老鼠”，挣的钱不多，受的气不少，更多的时候是两头受气。在公司被经理骂，是因为没有完全执行公司的政策，于是很多人选择了悄悄地抱怨：“按照你们的官僚政策做，把客户都搞死了。”或者抱怨：“也不看看是什么货，卖这么高的价，怎么可能完成任务。所谓的任务纯粹是扯淡。还不是为了让我们拿不到提成？”可要知道这些抱怨都无法解决问题，只能增加自己的消极情绪。

再者，在客户那里，被客户嫌弃：“你怎么又来了，一次也不解决问题，上次坏的货还没换回来，人来也没有用呀……”那么什么样的销售人员怎么才能扮演好自己的角色，做好自己的工作？唯一的答案就是脾气好的销售人员。

如果销售人员的情绪不稳定，就会葬送自己的事业和前程，因为顾客不是你的下属，不可能一味地对你忍让顺从或者无条件地服从你，不会主动配合你，更不会包容你的坏脾气。

“好脾气”可以创造出更好的业绩，这是许多从事销售工作人员的经验之谈。所谓“好脾气”，就是指与客户洽谈时能够适当地控制自己的情绪，不急不躁，自始至终一直以一种平和的语气与客户交谈，即使遭受客户的羞辱也不以激烈的言辞予以还击，反而能报之以微笑。这种“你生气来我微笑”的工作态度往往能够打动客户，从而改变其固有的想法，最终达成交易。

反之，坏脾气的销售人员最终只能失去自己的客户，所以应警惕坏脾气的影响。若想做到情绪稳定，销售新人必须调整好自己的心理状态，做到临危不乱，处变不惊，时刻冷静地面对一切。

至于如何消除不好的情绪，美国一家公司经理的做法值得销售新人学习和借鉴。这位经理在做销售人员的时候，总是不能摆正心态，踏踏实实地工作。他想早日出人头地，但现实与理想之间的差距太大了。于是他准备辞职，然后找一份适合自己的工作。

在写辞职信之前，他为了发泄心中的怒气，就在纸上写下了对公司中每个领导的意见，然后拿给他的老朋友看。

然而，朋友并没有站在他的立场上，和他一同抨击那些领导的一些错误做法和指导思想，而是让他把公司领导的一些优点写下来，以此改变对领导的看法。同时，还让他把那些成功销售人员的优点写在本子上，让他以此为目标，奋力拼搏。

在朋友的开导下，他心中的怒火渐渐平息了，并决定继续留在公司里，还发誓努力学习别人的长处来弥补自己的不足，做出成绩让他人看看。

从此，这位销售人员学会了一种发泄怒气的方法，凡是忍不住的时候，他就把心中的愤恨写下来，读一读，这样心中就平静多了。

要想做一个成功的销售人员，需控制以下几种情绪。

（1）乱发脾气。在做销售工作时，被拒绝如家常便饭，销售不应乱发脾气，而应时刻保持冷静，控制自己的情绪。有些销售新人在愤怒情绪的支配下，往往不顾别人的尊严，以尖酸刻薄的言辞予以还击，使对方的尊严受到伤害。实际上，这样虽然能使心中的怨气得以发泄，但到头来吃亏的还是自己。

（2）猜疑。猜疑是生意场中的腐蚀剂，它可使即将成交的生意前功尽弃。如果与客户发生误会，交易就难以取得成功。作为销售人员，一定要与客户保持畅通的交流，避免误会，否则就会因为猜疑而失去客户。

（3）妒忌。妒忌对一个人的身心健康成长是极为不利的。对于销售人员而言，如果看到其他同事取得良好的业绩就妒忌、诅咒甚至诋毁，遭遇挫折就幸灾乐祸，那么他根本不可能得到同事的帮助，在销售工作中也难以打开局面。

（4）恐惧。一次失败的经历或尴尬的遭遇都可能使人变得恐惧。特别是初出茅庐的销售人员。比如，一名销售新人首次拜访客户就遭到拒绝，那么当他下一次拜访客户之前，心里难免会有一些恐惧的阴影。造成恐惧的原因大多是销售新人缺乏自信，要想克服这一弱点，销售新人必须苦练推销技巧，练就过硬的心理素质，敢于登门拜访。

（5）焦虑。产生焦虑情绪而不想方设法加以控制和克服，就会在客户面前失去自信。这样一来，客户就很难相信销售人员所推销的产品。

（6）自珍情结。坏脾气的人通常会为自己定格："我这人就是脾气急了一点，但是心肠比较好，为人正直，而且是个性情中人。"这样的人通常有自珍情结，而且会把自己在某一环境下的坏脾气变成习惯，不经意之间便奉为信条，这样一来坏脾气就成了不良性格。

其实在生活当中，无论是顶尖级销售人员，还是销售新人，谁都会有发怒的时候，谁都不会永远不发怒。但是，少发怒和不随便发怒却是做得到的。要想制怒，必须标本兼治。要想治本，就需要加强个人修养，包括提高文化素养和道德情操，拓宽心理容量，不为区区小事斤斤计较。

4. 练就"一笑了之"的豁达心态

作为销售人员，也许你有过这样的经历，在你的推销过程中，遇到意想不到的阻碍，令你觉得情况严重。比如说，我们都知道事先准备妥当的重要性，尤其是你如果想在客户面前做一些现场表演的展示时，千万不能出错。为此，你在出门前，总是会再三检查一遍的，例如：油箱加满了吗？电压开关是否调到220伏的位置？是否带足了各种不同食物以便展示食物处理器……

然而，百密总有一疏，而且有很多事情也是你无法控制的，就算你是最顶尖的销售人员也不例外。你是否还记得你在现场表演展示中所出的各种意外：当你正在施加拉力以证明产品所使用的材料具有高强度的时候，却没想到产品爆裂断掉了；当你打开一瓶葡萄酒时，就在几十位客户面前，喷出的葡萄酒洒你一身。当然，更窘迫的情况是当你要使用投影仪时，灯泡突然烧坏，而备用盒中却空空如也。

我们或多或少地会犯些不同程度的错误。如果你从来没有在展示时出过错，那也只是证明了你在推销业中的资历不是很深。

很多资深销售人员在谈起推销的秘籍时，都把关注点集中到如何提高销售技巧上，这似乎成为推销的唯一秘诀，但事实上并非如此，推销能否成功实际上取决于销售人员的心态。

狄更斯曾经说过：“一个健全的心态比一百种智慧都有力量。”作为销售人员，你拥有什么样的心态，就会取得什么样的业绩。很多成功的销售人员在谈到自己的成功时，都会有一个共识——业绩不是由命运控制的，而是由心态掌管的。学会以积极的心态应对失败，才能够激发起聪明和才智。

成军是一位销售精英，不仅业绩骄人，而且与客户的关系也相当融洽，每个月拿的业绩奖也是最高的，每年公司评选先进个人一定会有他。公司最近要做人事调整，大家都认为这个销售部的经理非他莫属了。

但是公司任命了一个二流的销售人员当领导，所有人都很诧异，成军自己也一时很难明白其中的缘由。自己业绩和能力都要在此人之上，怎么就不能胜任此职呢？于是他心里充满了不满。

成军开始抱怨领导的不公，他把所有的工作重点都放在和新领导作对上，销售业绩自然一落千丈，最后他愤愤地辞了职。

成军怀着新的憧憬和希望来到了另一家企业做销售，一切还是从零开始，没有之前的骄人成绩，在新的岗位上，成军又开始重新征战了。但是他没有吸取之前的失败教训，还在这种思想支配下开始新的工作，结果是重蹈覆辙。

也许到现在他还百思不得其解，为什么有的同事会超越自己，而自己还是原地踏步呢？实际上要想获取成功，正确的心态是不可或缺的，即使面对失败或者苦难的事情，也应该重新调整自己的心态。

销售人员在面对挫折和失败时，要有百折不挠的勇气。当你历经无数次失败以后，你一定要有足够的耐心。你要知道所有的失败都是在为以后的成功做准备。下面就是给你的建议。

（1）嘲笑自己的错误。很多时候，一笑置之是最好的摆脱尴尬的方法。自嘲一下可以使你从窘迫的情况中跳出来。

有一次，销售人员刘刚正向一群运输业者展示一种高质量的机油。一切都很顺利，观众也都很专心。刘刚拿着两支装有不同质量机油的试管，每一支试管都用橡胶垫封住了开口。当他要把试管倒立过来比较机油滑落的速度时，没想到两支试管的橡胶垫却都脱落。一时间，机油洒满讲台，刘刚的全身上下也被波及，而他手中高举着两支空空的试管。

结果如何？刘刚看着他们，他们也看着刘刚。刘刚看到角落处有位观众的嘴角突然抽动了一下，接着刘刚自己开始大笑出来。刘刚站在台上大笑，全屋子的观众也跟着大笑。他们的笑声实在太吵，害得会议中心的值班经理以为发生了什么意外，迅速跑来，从门缝中查看究竟是怎么回事。

刘刚当时如果用很严肃的态度来处理，就会变成一场很失败的展示会。出了这么大的糗事，刘刚还能大笑出来，显示出他不会很在乎这个小意外，所以观众也不会觉得陷入窘境。观众一定知道这是意外，而且，他们也可以借此机会知道，你是不是一个碰到突发情况便手足无措的人。

（2）把他人的诋毁当作笑话。如果遇到对手公司的诋毁，我们该如何处理呢？一位政治家说过："真理尚未萌芽，谎言早已传遍半个世界。"对手的诋毁对公司的伤害是很严重的，如果你用很严肃的态度来处理，很可能就会让对方误以为你真的很担心这种状况。

销售人员往往要比常人面对更多、更复杂的竞争环境，特别是刚开始工作时面对失败更是家常便饭，就看你以何种心态对待，为什么同样是一起做销售的人，有的人能够做出出色的业绩，而有的人却碌碌无为地工作，甚至有一部分人在工作之初就转行了。这就是不同心态在起作用的原因。

有时候，即使你的业绩很出色，但也不一定会被认可，所以你要放平自己的心态，学会一笑了之。

5. 拒绝悲观，坚持到底

优秀的销售人员都是敢于坚持自己梦想的人。坚持梦想，用财富的砖头敲开梦想的门。为了家人，为了自己，勇敢地追求财富，追求梦想！优秀的销售人员会将潜意识里的激情和信念变成超意识的决定和行动来达到目标。

高木是日本著名的推销界人士，写了不少著作。他说："切勿做一个只在山脚下转来转去的毫无登山意志的人。必须尽自己的体力，攀登上去。有此宏愿，即使技术不够，也还是可以最终登上山顶的。"当年，高木初入推销界的时候，也是一切都不如意。他每天跑三十几家单位去推销复印机。在第二次世界大战后百废待兴的时期，复印机是一种非常昂贵的新型商品，绝大部分机构都不会购买。大多数机构连大门都不让推销人员进；即使进去了，也很难见到主管。高木只好设法弄到主管的家庭地址，再登门拜访，而对方往往让他吃闭门羹："这里不是办公室，不谈公务。你回去吧。"

第二次再去，口气更为强硬："你还不走，我可要叫警察了！"

头三个月的业绩为零，他连一台复印机也没有卖出去。他没有底薪，一切收入都来自交易完成以后的利润分成。没有做成生意，就没有一分钱收入，出差在外时住不起旅馆，只好在火车站候车室过夜。但他仍然坚持着。

有一天，他打电话回公司，问有没有客户来订购复印机。这种电话他每天都要打，每次得到的都是值班人有气无力地回答："没有。"但这一天，回答的口气不同了："喂，高木先生，有家证券公司有意购买，你赶快和他们联系一下吧。"

简直是奇迹：这家公司决定一次购买8台复印机，总价是108万日元，高木可得19万日元的提成。这是他的第一次成功。从此以后，时来运转，他的销售业绩直线上升，连他自己都觉得惊讶。进入公司半年以后，高木已经是公司的最佳销售人员了。他觉得，自己之所以能够成功，是因为他将整个生命都投入这个工作中去了。

有一天他到C机电公司去推销，主管很仔细地听取高木的产品介绍，然后说："请你拿一份图纸给我看看。"高木将图纸送过去，新的要求又来了："请你把那些已经使用这种复印机的单位名录给我看一看。"

高木不厌其烦，又整理了一份名录送过去。那人说："请再为我算算成本。"

总之，每一次去对方都有新的要求，就是不提购买的事。高木有求必应。就这样拖了两个月，主管竟然提出："请你们的社长来一次好吗？"

高木不知道他葫芦里卖的什么药，但还是请社长一起去拜访了这位主管。吃饭时，这位主管对社长说："你这位高木先生实在了不起。我工作了这么多年，不知见过多少销售人员，但能完全遵照我的要求办事的，只有他一个人。”从此以后，C机电公司所有购买复印机的业务，一律交给高木办理。

乔·吉拉德曾经说过：“成功的人有时候也是被逼出来的。我想大多数人都会承认，他们之所以成功，是因为他们的坚韧不拔，不断追求成功，事实上，坚韧不拔便是成功的保证。”

有些销售人员生性悲观，凡事都往坏处想，以致在展开行动之前，找出一堆失败的借口；还有人喜欢大模大样地列举一些理由，仿佛是生命中的大事。不可否认，办不到的借口多得数不清，但爱找借口的人，失败的概率往往高于常人，因此绝不能在做事之前，就开始找借口搪塞。

即使成功的概率微乎其微，但只要存在着可能，就要勇敢地接受挑战。只有勇于接受挑战，才会存在成功的可能性。倘若在一开始就放弃，胜利的号角绝不会为你响起。

因此，作为一个销售新人，要想把挫折降到最低点，或者说面对挫折坦然去应对的话，那你就必须具备下面的这些心态。

（1）热情。一个对自己的职业都不热情的人，怎么会调动客户的热情？业务员的热情是具有感染力的一种情感，他能够带动周围的人去关注某些事情，当你很热情地去和客户交流时，你的客户也会“投之以李，报之以桃”。当你在路上行走时，正好碰到你的客户，你伸出手，很热情地与对方寒暄，也许，他很久都没有碰到这么看重他的人了，没准你的热情就能促成一笔新的交易。

（2）永葆赤诚之心。态度是决定销售新人在面对挫折时反败为胜的基本要求，作为一名销售人员，必须抱有一颗赤诚之心，诚恳地对待客户，对待同事，这样，别人才会尊重你，把你当作朋友。

为此，许多销售大师指出，刚刚走上销售行业的新人首先要对人真诚。真诚面对自己，真诚面对别人。这么一来，才能因尊重自己与别人而赢得对方的敬重，这样才能抑制挫折的出现。

（3）自信心。自信是一种力量。首先，要对自己有信心，每天工作开始的时候，都要鼓励自己，我是最优秀的！我是最棒的！同时，要相信公司，相信公司提供给客户的是最优秀的产品，要相信自己所销售的产品是同类中最优秀的，相信公司为你提供了能够实现自己价值的机会。

（4）韧性。销售工作实际是很辛苦的，这就要求销售代表要具有吃苦、坚持不懈的韧性。“吃得苦中苦，方为人上人。”销售工作的一半是用脚跑出来的，要不断地去拜访客户，协调客户，甚至为顾客长期提供服务。销售工作绝不是一帆风顺的，会遇到很多困难，但要有解决困难的耐心，要有百折不挠的精神。

（5）良好的心理素质。具有良好的心理素质，才能够面对挫折、不气馁。每一个客户都有不同的背景，也有不同的性格、处世方法，自己受到打击要能够保持平静的心态，要多分析客户，不断调整自己的心态，改进工作方法，使自己能够面对一切责难。只有这样，才能够克服困难。同时，也不能因一时的顺利而得意忘形，须知“乐极生悲”，只有这样，才能够胜不骄，败不馁。

（6）责任心。无论你是一个刚进入销售行业的新人，还是一个老业务员，你的言行举止都代表着你的公司，如果你没有责任感，不但会影响你的销量，也会影响公司的形象。无疑，这也是让你受到挫折惩罚的原因。

6. 磨炼恒心，绝不半途而废

任何人成功之前，必然会遇到一时的失意，说不定也会落败几回。碰到不如意的事，选择放弃也许是最简便的做法，而且生活中大部分人就是这么办的。

然而全美国的富豪中，有500人以上亲口说过，最轰轰烈烈的成功和最沉重的打击挫折之间相距仅有一步。要想成功，就不能被放弃的心情左右，你要知道——黄金只在三尺之下。只有锲而不舍，才可达成目标，要有无论如何也要坚持下去的坚定信念。

作为销售人员，你唯一要做的就是想尽一切办法与客户接触，尽力说服客户购买自己的产品，绝不轻言放弃。

下面要讲的一个销售人员卡尔森就是这种锲而不舍的人。他千方百计要把自己公司的阀门推销给芝加哥的一家糖果厂，该糖果厂使用另一个牌子的阀门已有25年的历史。一天，在吃午饭时他拦住糖果厂的总机械师，说他下午两点要去见他。

两点刚过，总机械师气冲冲地走进会客厅，用愤怒的目光瞪了卡尔森一眼。卡尔森慌忙请他坐下，开门见山地问："您用的阀门漏不漏？""买阀门不是我的事！"总机械师高声说，"你去找总工程师吧。"

卡尔森装作没听见他的话，继续问："什么设备上的阀门泄漏最多？"

"焦糖蒸汽罐上的。"总机械师不情愿地承认，"但我无权购买任何阀门。"

这时，卡尔森已经开始展示自己的样品，他把阀门拆开让总机械师看：由于在特硬底座和堵盘之间垫的是修剪好的薄钢片，因而阀门可以做到绝对密封。"你们的焦糖蒸气罐上使用多大尺寸的阀门？"卡尔森问。

"3/4英寸的，"总机械师回答，"但我已经告诉你，我什么阀门也不要。"

卡尔森根本不听此话，却对陷入困惑的总机械师下令道："你写一张请购单，就说需要一只3/4英寸的实心阀门，进屋去给你们采购员要一张订单。然后你就会看到阀门的泄漏问题将会彻底解决。快去吧！"

总机械师走进屋里，为那一只试用的阀门拿来订单。卡尔森在几分钟之内做到了他们公司经销商及销售人员25年来未曾做到的事，原因是只要出现"不"字，他的耳朵就会自动堵上。

在销售的过程中，销售人员常见的挫折就是遭到客户的拒绝。尤其是对一些上门进行推销的销售人员来说，吃到“闭门羹”也是一件非常正常的事情，但是却很少有销售人员能用一种平和的心态来看待吃“闭门羹”这件事情。其实，对于销售人员来说，很多时候，第一、二次是很难谈成生意的，但是如果你敢于面对这种被拒绝的挫折，用你真诚的心来使客户敞开自己的心扉，这样你就会与客户更加亲近，也就有助于销售活动的开展。

在这个世界上，最伟大的销售人员往往是遭受挫折次数最多的销售人员。但失败是成功之母。

如果把销售过程比作一把披荆斩棘的“刀”，那么挫折就是一块必不可少的“磨刀石”，为了销售的成功，为了快乐的工作和生活，销售人员一定要学会勇敢地面对挫折的磨砺，越挫越勇。

一个成绩斐然的销售人员说过，头一次提出成交要求就获得成功的买卖，在他做成的所有买卖当中只占1/10，他在精心准备推销活动时，要设计好几种成交法，如果头一次努力没有成功，下一次努力还有可能产生较好的结果。他在签合同前做着被拒绝一次、两次、五次、七次，甚至八次的准备。他根本不怕遭到对方的拒绝，那样反而能增强他进一步争取成交的动力。

在交涉中，他也并不停下来去反驳对方的决定，而是设法找出促成对方购买决心的哪些因素还尚未利用，继续说：“噢，对啦，我还有一点没给您讲清楚呢。”接着便展开另一个推销要点。这种销售方法的结果是，最终大部分顾客都在他的坚持面前让了步，或者说，为他的这种不达目的不罢休的精神所感动，从而心甘情愿购买他的商品。

毫无疑问，在遭到拒绝时具有毫不退缩的精神应当是所有销售人员争取胜利的必备素质。在说“不”时仍能坚韧不拔才会有助于你的工作。

事实上，挫折无疑是一个人在实现预定目标的过程中，所面对的种种干扰和阻碍，进而使自己产生消极敌对的情绪状态。所以，从这个意义上来说，挫折其实就是一种情绪心理，会给人造成极大的心理压力，如果不能够及时地调整过来，就会使自己丧失信心和热情。因此，销售人员要善于对挫折心理进行妥善的疏导和管理，从而避免挫折感的产生。那么，销售人员应该如何避免挫折心理的产生呢？

（1）有意义地工作。在销售的过程中，一定要学会确立小而具体的目标，并努力去实现，在实现的过程中，要不断地进行修正和树立新的目标。切忌树立的目标过于远大或者与自己的能力相距甚远。

（2）面对现实，改变策略。销售的过程中，挫折是不可避免的，回避只是一时的解脱，只有敢于面对，努力寻求解决的办法，积极地改变策略，才会扭转不利局面。

（3）改变认识，柳暗花明。当销售的过程中遇到挫折时，一定要学会换个角度思考问题，这样往往会使沮丧、绝望的人从中看到希望，“塞翁失马，焉知非福”。

7. 积极应对“销售低潮”

就算是再资深的销售人员或是业绩一直保持较高水准的销售人员，也会发生连续两三个月业绩持续滑落的情况，这就是一般销售人员闻之色变的“推销低潮”。不曾经历过的人绝对不会相信它的杀伤力有多大，曾经经历过的人则会暗暗祈祷噩梦不要再度来临。

推销低潮，不仅使人精神郁闷，令人丧失冷静，连对自己是何许人都会产生怀疑。事实上，发生这种状况绝对不会是没有原因的，可能是没有开拓新的客户，可能是活动量不够，也可能是家中发生重大事故或生病让自己失去应有的推销水准等。显而易见，原因都是出在你自己身上，除非是因重大事故或生病等不可抗拒的因素，否则失败的责任绝对得自己来承担。

有些销售人员运气好时，谈上一两次就立即促成，得来太容易的胜利往往把人冲昏了头，以为从此之后幸运便会永远垂青，不再多花时间培养新的客户，待业绩出现断层时，则方寸大乱，不知道如何脱离困境。

推销大师原一平第一次遭遇推销低潮时，他一整天都在反思，极力想从中找出原因。有一天，他下定决心去拜访一位资深人员，请教摆脱困境的方法，没想到这位前辈却因醉酒在家休息。他知道后大为震撼，同时也认为自己这种行为未免太过天真。仔细思考了一晚后，第二天一大早，他便起来冲个冷水澡（当时正值冬天），直接出门去拜访客户，果不其然，第一家便拒绝了他，第二家也拒绝了，但是他一点也不以为意，依然继续拜访工作，他决意要试试看，一直拜访完十家结果会怎么样？最后，终于在第五家时便结束了为期多日的滞销噩梦。

签完合同后，他跑到外面的马路上大声高叫："太好了！幸好我没有放弃！"也就是从这一刻开始，一向一帆风顺的他，终于品尝到推销真正的辛酸，同时也在这一瞬间，他感到自己对于推销这份行业的热爱程度有多深。

销售精英认为要想克服销售低潮，取得销售的成功，以下两个条件是至关重要的。

（1）制订使自己不能偷懒、退却、辩解的计划。销售是条漫长又艰辛的路，不但需要保持奋进的情绪，更应该秉持一种信念，即自我激励，自我启发，只有这样，才能面对重重难关坚持，尤其在陷入低潮时期，若无法适时做好自我调节，销售之路势必将画上永远的休止符。

（2）用钢铁般的意志去完成计划。有两种人可以做好销售工作，第一种是乐观向上的人，第二种是永不服输的人。

原一平就是属于永不服输的那一种。他身高145厘米，体重52千克，又瘦又小。但他的特点就在于他自信比别人更有永不服输的精神。下面是原一平的一段自述：

刚到明治保险公司的时候，我每天都要制订访问15位客户的计划。

这个计划很累人，经常是连喘息的时间都没有，家和妻子自然都照顾不到了。有时我也会问自己：“难道我每天一定要访问15位客户吗？我到底是为了什么？钱吗？”但我那倔犟的性格又迫使我不断地超越自己；我从来不愿意服输。在别人看来，我每天除了销售保险，没有其他的娱乐，在工作之余也不会带着妻子去玩。有人说，我的生活呆板得可怕；有人说，我的生活没有什么乐趣可言。但我在工作中享受到了极大的快乐。

为了超越自己的业绩而不断地创造新业绩，面对失败，我只是笑笑，又继续努力。我每天的信念就是必须访问15位客户，若没访问完，就绝不回家。这股不服输的力量在胸中翻腾，在鼓舞着我。人生就是一系列的挑战与应战，不断地征服困难就是我人生的最大乐趣。

正是对工作的热情和持之以恒的意志，我才有了今天的成功。我这个人虽然“海拔”不高，但是我的成功都是在暴风雨中取得的。我什么都不怕，唯一害怕的就是自己低头折腰。只有永不服输的人才配得上成功的桂冠。如果你不想成功，你就低头认输吧！

8. 克服恐惧，练就“厚脸皮”

在这个世界上，成功的人之所以会成功，是因为他们总在想事物的积极方面，他们总能从黑暗中看到黎明，从失败中看到成功；而失败的人之所以会失败，是因为他们总在思考事物的消极方面，他们从希望中看到的是失望，在顺境中看到的是厄运。厄尔·南丁格尔曾经说过：“无论是什么，只要我们将它植入自己的潜意识中，不断想象并注入情感，都会在某一天成为现实。”你在想什么，你就会得到什么，这可以作为每一位销售人员的座右铭。

作为初出茅庐的销售新人，当你面对陌生客户，准备与其交流时，是不是经常会出现心跳加快的现象，或者往往将原本准备得特别充分的开场白一下子忘得一干二净呢？这时候，我们一定会崇敬那些可以坦然、轻松地和陌生人侃侃而谈的成功销售人员——何时才能像他们那样谈笑自如呢？

推销的恐惧心理，就是在推销的过程中，怕被别人注意或稍有差错就产生极度恐惧的情绪。它是一种对难堪或出丑表现的强烈和令人身心疲惫的恐惧感。拥有这种症状的人害怕在公共场合讲话，不愿意接触人，不愿意拜访客户，不敢向人推销。

要想彻底克服这种恐惧心理，就得练就一张“厚脸皮”。可以说，每一个从事销售工作的人最初都会有恐惧感，而如果更进一步问他们到底怕什么，他们可能会说：“怎么可能改变别人的想法呢？如果别人拒绝我，我该怎么办？”

其实，对自己没有信心，怕丢面子是主要原因。勇气不是天生就有的，它也是靠我们后天培养的。

威名远扬的前英国首相丘吉尔曾说过：“一个人绝对不可在遇到危险时，背过身去试图逃避。若是这样做，只会使危险加倍。但是，如果立刻面对它，毫不退缩，危险便会减半。决不要逃避任何事务，决不！”

那些面对陌生人经常不敢迈出第一步，而是试图转过身去逃避的销售新人，如果能相信自己，勇敢地迈出第一步，以后的事就好办了。同时，如果你按照下面几个方面的要求去做，就必定会克服恐惧心理，闯过“面子关”。

（1）自信。自信是事业成功的基础。相信自己能战胜一切困难。树立了这种职业自信心与自豪感，你就会敢于面对陌生人了。

（2）评估对方。任何人都特别在意别人的看法。但作为销售新人，如果特别在意别人对自己的评价，那么无形中就会产生压力，使自己紧张无措。所以，你不如暂时忘记自己，反过来评价对方。仔细观察对方的表情和言语，找到对方的缺点。这样，你才会由被动变为主动，压力也会顿时消除。

（3）大声说话。销售新人与客户初次会面时，不妨尽量放开声音，大声说话，偶尔幽默一下，这些都会使你紧张的心理得到放松，恐惧心理也就被抛到九霄云外了。

（4）寻找优点。任何人都有自己的长处，关键是看你能否发现它们。所以，在初次和陌生人会面时，请想一想自己的优点，即使是不足为外人称道之处，也可以采用自我扩大的方法，将其扩大成足以自豪的长处，而将那些无言的自卑抛于脑后，以此消除恐惧心理。

（5）心情放松。生活中难免会发生一些令人不愉快的事情。但请你千万记住：不愉快的情绪会带给对方不愉快的印象。因此，在和陌生客户会面时，一定要抛除杂念，使自己充满活力，神采飞扬，把自己鲜活的一面展现于人前。

（6）摆正心态。销售新人很容易被客户的地位、头衔镇住，心理上就会不自觉地产生压力。其实，你完全可以褪去他们身上那些耀眼的光环。想一想他们肯定也有着人性脆弱的一面，同样是人，你何必惧怕他们呢？这样就会让自己紧张的心情轻松下来。

（7）神态自然。凡事欲速则不达，做什么都要掌握一个度，过犹不及。所以，在初次会面时，不要把得失看得太重，只要能与对方建立良好的关系，甚至争取到再次见面的机会就够了。

销售新人在联系业务时，如果将以上几点牢记心中，并经常运用，久而久之，就会练就一张“厚脸皮”，顺利闯过“面子关”。

第三章

客户惯常的消费心理

1. 客户都希望被尊重

在实际销售当中，是客户为你带来了利润，因为只有你的产品被客户购买了，你才能有收益。

从心理学的角度来讲，人们做任何事都是为了满足其各种各样的心理需求，当心理需求得不到满足的时候，其内心就会处于“饥渴”状态，迫切地希望能够通过各种途径得以弥补。

人的欲望是无限的，这些欲望包括物质方面的和精神方面的，而且二者是并存的。在物质需求得到满足的同时，人们更希望得到心理需求的满足。

渴望被人重视，这是一种很普遍的、人人都有的心理需求，作为消费者的客户也不例外。因此这种心理需求正好给销售人员推销自己的商品带来了一个很好的突破口。渴望获得重视的心理包含两个方面，一方面是希望得到别人的认可和赞美，使自己获得优越感；另一方面是不愿意被人轻视，从而使自己显得与众不同，以吸引别人注意。销售人员可以利用客户这一心理，巧妙地促使客户购买自己的产品。

对于销售人员来讲，可以说是客户创造了市场，因为一个企业的产品只有满足了客户的需求，才能符合市场的需求，从这个道理上讲，客户就是你的上帝。

小王和小李两个人一同出去推销自己公司的一种产品，他们先后都到过赵经理那里去推销。小王先去的，他进门之后就开始滔滔不绝地向赵经理介绍自己的产品多么多么的好、如何如何地适合他，他不购买就等于吃亏等。这样的话不仅没有引起赵经理的兴趣，反而让他很反感，于是他很不客气地让人把小王轰走了。

等到小李又来的时候，赵经理知道他们推销的是同一种产品，本来不愿意见他，但是他又想听听小李是怎样的一种说辞，于是就请小李来到他的办公室。小李进来后没有直接介绍自己的产品，而是很有礼貌地先说抱歉、打扰，然后又感谢赵经理百忙之中会见自己，还说了一些赞美和恭维的话，对自己的产品却只是简单地介绍了一下。可是赵经理始终都是一副很冷淡的样子，小李觉得这笔生意已经很难做成，虽然心里多少有些失落，但他还是很诚恳地对赵经理说："谢谢赵经理，虽然我知道我们的产品是绝对适合您的，可惜我能力太差，无法说服您。我想我应该告辞了。不过，在告辞之前，想请赵经理指出我的不足，以便让我有一个改进的机会好吗？谢谢您了！"

这时，赵经理的态度突然变得很友好，很和善。他站起来拍拍小李的肩膀笑着说："你不要急着走，哈哈，我已经决定要买你的产品了。"

为什么小王前来推销会被轰出去，而小李却能够成交，这就是一个满足客户心理需求的问题。小王只是滔滔不绝地介绍自己的产品，而忽略了对客户起码的尊重和感谢，而小李却始终对赵经理很恭敬很有礼貌，特别是自己最后临走时，还请求客户指教，这让赵经理感受到了足够的重视，从而从情感上对小李也表示了认同，自然也就促成了这笔交易。

因此，作为一名合格的销售人员，你要明白一点，那就是无论从价值链还是市场和企业生存的角度去看，客户都是上帝。要想让客户认可你、购买你的产品，就要先足够重视你的客户，不仅要重视客户对产品的需求，还需要重视客户的心理需求。

与渴望得到尊重相对的，是害怕被人轻视。销售人员通过反向刺激，也会达到欲扬先抑的效果。所以销售人员要学会适时地、适度地说一些反面的话来激起客户的自尊心，引发他的自重感，这样他可能会一狠心买下更贵的产品，以显示自己是不容小视的。

聪明的销售人员在面对这样的客户时，往往会故意先向他推荐档次较低的商品，“先生，这款产品是最便宜的一款，很实惠”，结果客户渴望被重视的心理需求没有得到满足，他反而会购买中高档的款式，以得到销售人员的重视。这时候销售人员再加上几句“您真有眼光”“这款最适合您不过了”等赞美的话，客户会更加高兴地付钱，而且可能下回还来买你的商品。

提出各种很挑剔的问题，有时并不是不想要你的产品，而是心理需求的层次比较高。你必须要对你推销的产品有一个非常清醒的认识，要知道产品没有十全十美的。如果客户的要求合情合理，你当然应该照做，但如果对方的要求有不合理之处，就需要你使用一些推销的技巧来应对了。当你面对这样的客户时，不妨试试以下技巧。

（1）认真听完客户的要求再回答问题。当客户提出问题时，你必须认真地听他说，哪怕客户说到一半的时候你就知道不可能按照他的意思做，你也得用心听完。只有这样，你的客户才能感受到被尊重，即使你下一步是委婉地拒绝，客户也不会觉得你是在敷衍他，而是实在不能做出让步。

（2）即使否定客户，你的态度也要谦虚。作为销售人员要时刻记住尊重你的客户，要用谦虚的心态和礼貌让你的客户觉得你不仅是推销产品的专家，而且还是一个有修养的人，这样客户才能产生和你进一步沟通的想法，你提出的意见也比较容易被客户接受。

2. 抓住客户的“从众”心理

一般说来，群体成员的行为，通常具有跟从群体的倾向。表现在购物消费方面，就是随波逐流的“从众心理”，当有一些人说某商品好的时候，就会有很多人“跟风”前去购买，即使不怎么好，也会在心理上有所安慰，毕竟大家都在买，肯定差不了，上当也不是自己一个人。

“从众”是一种比较普遍的社会心理和行为现象。也就是人们常说的“人云亦云”“随波逐流”。大家都这么认为，我也就这么认为；大家都这么做，我也就跟着这么做。从众心理在消费过程中，也是十分常见的。因为好多人都喜欢凑热闹，当看到别人成群结队、争先恐后地抢购某商品的时候，也会毫不犹豫地加入抢购大军。

这种心理当然也给销售人员推销自己的商品带来了便利。销售人员可以吸引客户的围观，制造热闹的行情，以引来更多客户的参与，从而制造更多的购买机会。例如，销售人员经常会对客户说，“很多人都买了这一款产品，反响很不错”“小区很多像您这样年纪的大妈都在使用我们的产品”，这样的言辞就巧妙地运用了客户的从众心理，使客户在心理上得到一种依靠和安全保障。

即使销售人员不说，有的客户也会在销售人员介绍商品时主动问道：“都有谁买了你们的产品？”意思就是说，都有谁买了你的商品，如果有很多人用，我就考虑考虑。这也是一种从众心理。

利用客户随波逐流的心理又称为“推销的排队技巧”。比如，某商场入口处排了一条很长的队伍，从商场经过的人就很容易加入排队的队伍中。因为人们看到此类场景时，第一个念头就是：那么多人围着一种商品，一定有利可图，所以我不能错失机会。这样一来，排队的人就会越来越多。但事实上，这些人中真正有明确购买意图的没有几个，人们不过是在相互影响，其他购买的人总比销售人员可信。既然客户有这种心理，销售人员在进行销售时，就应该利用客户的从众心理来营造营销氛围，影响人群中的敏感者接受产品，从而达到整个人群都接受产品的目的。

日本有位著名的企业家，名叫多川博，他因为成功地经营婴儿专用的尿布，使公司的年销售额高达70亿日元，并以20%速度递增的辉煌成绩而一跃成为世界闻名的“尿布大王”。

在多川博创业之初，他创办的是一个生产销售雨衣、游泳帽、防雨斗篷、卫生带、尿布等日用橡胶制品的综合性企业。但是由于公司泛泛经营，没有特色，销量很不稳定，曾一度面临倒闭的困境。在一个偶然的机会，多川博从一份人口普查表中发现，日本每年出生约250万婴儿，如果每个婴儿用两条尿布，一年就需要500万条。于是，他们决定放弃尿布以外的产品，实行尿布专业化生产。

尿布生产出来了，而且是采用新科技、新材料，质量上乘；公司花了大量的精力去宣传产品的优点，希望引起市场的轰动，但是在试卖之初，基本上无人问津，生意十分冷清，几乎到了无法继续经营的地步。多川博先生万分焦急，经过苦思冥想，他终于想出了一个好办法。他让自己的员工假扮成客户，排成长队来购买自己的尿布，一时间，公司店面门庭若市，几排长长的队伍引起了行人的好奇："这里在卖什么？""什么商品这么畅销，吸引这么多人？"如此，也就营造了一种尿布旺销的热闹氛围，于是吸引了很多"从众型"的买主。随着产品不断销售，人们逐步认可了这种尿布，买尿布的人越来越多。后来，多川博公司生产的尿布还出口他国，在世界多地畅销开来。

尿布的畅销就是利用客户的从众心理打开市场的，但是前提是尿布的质量好，在被客户购买后得到了认可。因此销售最终还是要以质量赢得客户的，而利用其心理效应只是一个吸引客户的手段。

实际上，客户在消费过程中的从众心理有很多的表现形式，而威望效应就是其中一种。例如，现在很多公司、商家的产品都会花高价请明星来代言产品、做广告，以引起客户的注意和购买。一般来说，当一个人没有主张或者判断力不强的时候，就会依附于别人的意见，特别是一些有威望、有权威的人物的意见。

我们都见过在大街上发产品宣传单的情景，仔细观察你就会发现，某人在发传单，如果有一群人从他身边经过，只要一个人不要他的宣传单，那么其他的人都不会要。只要一个人接了他的宣传单，其他人就是你不给他，他也会主动要。在柜台促销中也会遇到这样的情况，如果有一个人买，围观的人大都会买，如果没人买，大家就都不会买。造成这种状况的根本原因就是客户的从众心理，人们在许多情况下，都会看众人的行动而行动。

当然，利用客户这种心理的确可以提高推销成功的概率，但是也要注意讲究职业道德，不能靠拉帮结伙欺骗客户，否则会适得其反。

3. 人人都想享有VIP待遇

“Very Important Person”译成中文就是“高级会员、贵宾”，缩写为“VIP”。这是一些商家鉴于竞争激烈，而想出的经营手段。凡是成为某个商家VIP会员的人，就可以享受到一些特有的优惠或者折扣，VIP会员还有消费返利、联谊活动、免费停车等特殊权利。不仅如此，有时人们办一张VIP会员卡为的不是得到更多的实惠，而是一旦成为哪个商家的VIP会员，会觉得自己特别有面子，可以说VIP已经成为一种身份和地位的象征。

所以每个人都愿意听到赞美自己的话，喜欢得到别人的恭维，即使那些平时说讨厌被恭维的人，其实内心也是喜欢听恭维话的。

杜小姐经常去一家商务会馆消费，于是，会馆的经理向杜小姐推荐了VIP会员卡的项目。杜小姐考虑了一下，觉得比较划算，就马上办理了一张会员卡。

一次，杜小姐请几个客户在那家会馆吃饭，吃完后杜小姐去前台结账，她出示了自己的会员卡，服务员接过去一看，是老板签字的会员卡，立刻满面笑容，不仅酒水按七折算，海鲜也打了八折，这让她省了不少钱，后来经理还亲自送来一盘水果布丁，说是算自己请客，希望他们下次光临。这让杜小姐觉得自己在客户面前很有面子。

现在越来越多的商家为客户办理VIP卡，用打折、积分和优惠等活动来吸引客户消费，同时给予客户实惠。VIP卡的形式已经从商场扩展到各种各样的小商户，其种类也是各式各样。据调查，23%持有VIP卡的人在办理的时候都是为了满足虚荣心，26%的人是因为商家推销而办理的，还有15%的人是抱着“别人有我不能没有”的心态办理VIP卡的。这个调查说明，你的客户都想要得到VIP待遇，而推销成功与否，要看你怎样满足客户的这种心理。

有一名销售人员，专门推销办公用品。一次，他去一家私营公司推销办公桌椅。进了经理室，见该公司总经理、后勤主管等领导都在，旁边还有一位正在整理书架的老伯。

于是，他娴熟地介绍了产品的样式、质量和价格，很快就使老总有了购买意向，并告诉他如果产品情况属实，便可以签订2万元的购货合同。眼看推销成功了，销售人员打心眼儿里高兴，他一边答应过几天送货质检，一边忙从口袋里摸出一包“555”牌香烟，给在场的领导们点上后，说了些客气话，便告辞了。

然而，当销售人员再来该公司联系送货业务时，后勤主管却告诉他，公司不打算要这批产品了。他问是什么原因导致公司改变了主意。对方直截了当地说：“老总的岳父嫌你的价格过高，劝老总买别人的。”“老总的岳父怎么知道我的货价高呢？”“他岳父就是那个整理书架的老伯！你的话他都听着了。”后勤主管看了一眼还没有明白过来的这位销售人员，说：“谁让你小看人，少发一支烟呢？他说你这人眼皮往上挑，不实在……我们老总能得罪老岳父吗？”

正所谓客户就是“上帝”，销售人员。不要只把“上帝”放在嘴边，而是切切实实给顾客关怀和实惠，不放过销售过程中的每一个细节，满足每一位顾客的需求。

4. 客户都怕上当受骗

在销售的过程中存在着这么一个问题，即客户对销售人员大多存有一种不信任的心理，他们认为从销售人员那里所获得的有关商品的各种信息，往往不同程度地包含着一些虚假的成分，甚至还会存在有一些欺诈的行为。于是，就有很多客户在与销售人员交谈的过程当中，认为销售人员的话可听可不听，往往不太在意，甚至抱着抵触的心理与销售人员进行争辩。

所以，在销售的过程中怎样迅速有效地消除顾客的顾虑，对销售人员来说是十分必要的。因为聪明的销售人员都知道，如果不能从根本上消除客户的顾虑，交易就很难成功。

客户之所以会产生顾虑，很可能是因为在他们以往的生活经历中，曾经遭遇过欺骗，或者买来的商品不能满足他们的期望。也可能是从新闻媒体上看到过一些有关客户利益受到损害的案例。所以，他们往往对销售人员心存芥蒂，尤其是一些上门推销的销售人员，在他们的心里更是不受欢迎的人。

一位金牌销售人员曾说过：作为销售人员，你不是要打动客户的脑袋，而是要打动客户的心。因为心是离客户钱包最近的地方，是客户的感情，脑袋则是客户的理智，也就是说合格的销售人员要通过打动客户的感情，让客户产生购买的想法。

的确，现在社会上的骗子很多，许多人深受其害，而骗子的行骗方法可能会仿效销售人员的推销方式，客户再看到销售人员时就很容易想起被骗的痛苦经历，导致他们认为销售人员几乎都是骗子，在潜意识中有些排斥销售人员。

客户没有时间和精力去辨别销售人员的真伪，所以很容易把所有的销售人员“一棍子打死”，认为凡是搞推销的人都是骗子，遇到销售人员就躲着走，怕自己被骗。

一家影楼的Y小姐说："许多客户来了走，走了又来，然后甩下话：'再多降降价我就在你这儿拍！'我们这个行业是怎么了？如果客户去的是一家饭店，恐怕他绝对不会说'你给我降多少钱我就在你这里吃，否则我就去另一家了'，如果真有人这么说，别人肯定会笑他是从外星球来的，但在我们这里，不讨价的人反而像从外星球来的……"

其实说到底，客户还价还是因为怕被骗，因为影楼给客户的印象是暴利行业，即使你报出底价，客户也会认为其中还有很大的水分。

让客户产生这种心理的原因在于促销做得有些过头，比如原价1万元的产品，没几天就优惠降价到2000元，或者随便找个理由就打个八折。此时客户就会想：一定是产品本来就值几百块，不然怎么会降这么多？看来他们平时赚了客户不少钱，我一定不能被骗。客户一旦产生了这种心理，就会产生你的价格越低，他反而越怀疑的现象。

客户要的是质量好的产品，同时还要感觉自己买得实惠。如果客户刚从你手上买了产品，到你的竞争对手那里一看，你卖给他的东西只要一半的价格就可以买到，你从此就成了反面教材。

许多客户都怕被骗，面对销售人员，他们表现得很谨慎，浑身上下都充满警惕，就怕掉进销售人员的"陷阱"。对待这种客户，销售人员不要急于求成，你说得越多，客户反而越怀疑，曾经被骗的经历会让他们对眼前的你产生不信任的感觉。你一定要找出他无法接受你推销的产品的真正原因，想办法消除客户的心理障碍，让自己成为客户的朋友，这样客户才会和你合作。

通常，客户怕被骗的心理会让你们的沟通产生障碍，但同时也会给你带来机会。这种客户常常是想买产品，但是他们总希望你能把价格降了再降，所以会找同类商品如何优惠的说辞来刺激你，你在与客户交谈时要让客户了解，任何一种商品都不可能在各方面占优势，你要重点告诉客户买你的产品能获得什么好处，以此来满足客户的需求和减轻他担心买贵的顾虑。如果有什么优惠活动，也要提前通知客户，把利益的重点放到客户身上，让客户觉得自己是获益了，而不是被骗了。

还有一部分客户是担心商品的质量或功能，对商品没有足够的信心。此时，你不妨直接对客户说出产品的缺点，这比客户自己提出来要好得多。

首先，客户会对你产生信任感，觉得你没有隐瞒产品的缺点，是个诚实的人，这样他就愿意与你进一步交流。

其次，客户会觉得你很了解他，把他想问而未问的话回答了，他的疑虑就会减少。

最后，销售人员主动说出商品的缺点，可以避免和客户发生争论，而且能使你和客户的关系由消极的防御式变成积极的开放式，从而促成交易。

销售人员在销售的过程当中，要尽自己最大的能力来消除客户的顾虑心理，使他们觉得自己所购买的商品物有所值。首先需要做的就是向客户保证，他们决定购买的动机是非常明智的，而且钱也会花得很值；而且，购买你的产品是他们在价值、利益等方面做出的最好选择。

在销售过程当中，顾客心存顾虑是一个共性问题，如不能正确解决，将会给销售工作带来很大的阻力。所以销售人员一定要努力打破这种被动的局面，善于接受并巧妙地化解客户的顾虑，使客户放心购买自己想要的商品。顾虑是心与心之间的一条鸿沟，填平它，销售人员才能到达成功交易的彼岸。

5. 价格对客户的影响

在商品推销中，价格是一个非常敏感的因素，合理的价格能够让顾客顺利地接受你所推销的产品。当然，在现阶段的市场经济条件下，将价格固定不变也是不可能做到的，因此应当在销售过程当中预留出适当的价位变化的空间，以便销售人员和客户谈判。

有一对颇有名望的外商夫妇，在我国一家商店选购首饰时，对一只8万元的翡翠戒指很感兴趣，但因价格昂贵犹豫不决。这时善于察言观色的售货员介绍说，某国总统夫人来店时也曾看过这只戒指，而且也非常欢喜，但由于价钱太贵，没有买。这对夫妇听完后，为了证明他们比那位总统夫人更有钱，就毅然买下了那只戒指。

由于这位售货员经验丰富，对顾客的购买心理动机和购买行为特点，揣度及时准确，寥寥数语，切中要害，迅速有效地促成了交易。

虽然多数顾客都想选择价格便宜的商品，但是消费水平的提高和消费心理的变化，使销售者的方针必须及时地实现从“优质低价”向“受顾客支持的价格”转变。

近年来，在很多国家的市场上，消费者的购物行为出现了高级化的趋向，越是品质好、价格高的产品销得越快。例如老牌子的“利维”牌牛仔裤每条售价是15美元。扬宾尼公司为了向利维·斯特劳斯公司挑战，每条定价30美元，同时辅以成功的广告宣传，提高了该公司产品的声誉。这样，高价牛仔裤以高档商品的形象出现，反而比低价牛仔裤更受到顾客的欢迎。1983年利维·斯特劳斯公司的总经理失声惊呼：“扬宾尼买走了美国大半个牛仔裤市场。”

为了使价格得到消费者的支持，在美国纽约有一种非常特殊的“99美分”商店，这是一种小规模的自选商店，主要出售日用杂货、厨房用品、家用小五金，以及常用药品等。这类商店出售的组合商品，单价一般都是99美分，每袋糖果和每盒饼干也是99美分……虽然99美分离1美元仅差1美分，但这1美分之差却对消费者的心理产生了重大的影响。

（1）给消费者以准确定价的影响，使消费者感到经营者的定价是认真的、合理的。即使1分钱也不凑成整数。因而对商品的价格产生了一种信任感。

（2）给消费者以价格偏低的影响，99美分与1美元虽只差1美分，但给人的感觉是“不到1元钱”的商品，如果是“1元零1分”，那就会给人造成“超过1元钱”的感觉，两者的价格概念，在心理上的差距似乎比实际差距要大得多。

当然，由于商品的价值不同，不可能所有商品都定99美分的价。因此，美国的一些商业心理学家，曾经调查过各类商品的最佳定价法。据相关统计：在美国，5美元以下的价格，末位是9定价最受欢迎。5美元以上的价格，末位是95的定价，销售情况最佳。

我国零售商品定价，多数也是采取类似的非整数定价原则，来适应价格对消费者心理的影响。

总之，价格强烈影响着产品在销售市场上的地位，影响卖方的形象，也影响竞争对手的行为。它对购买者的消费心理和购买行为有重大作用。因此，定价必须采取灵活而慎重的态度。

6. 利用“占便宜”心理

推销人群中流传着这样一句话：客户要的不是便宜，而是要感到占了便宜。客户有了占便宜的感觉，就容易接受你推销的产品。

客户占便宜的心理给了商家可乘之机。如一些消费者在购物买衣服的时候，常常用对方不降价自己就不买来“威胁”商家，于是商家最终妥协了，告诉消费者“就要下班了，我不赚钱卖你了”“我这是清仓的价钱给你的，你可不要和朋友说是这个价钱买的”“今天你是第一单，算是我图个吉利吧”，于是消费者以为独享低价的优惠满意而归。此种情况并不少见，精明的商家总能找出借口卖出东西并让客户觉得占了便宜。

由此可以看出，大多数客户不喜欢对产品的真实价钱仔细研究，而是想买些更便宜的物品。

销售人员怎么做才能让客户觉得占了便宜呢？你可以去看看商场中最畅销的产品，它们通常不是知名度最高的名牌，也不是价格最低的商品，而是那些促销“周周变、天天有”的商品。促销的本质就是让客户有一种占便宜的感觉。一旦某种以前很贵的商品开始促销，人们就觉得买了实惠。

虽然每个客户都有占便宜的心理，但是又都有一种“无功不受禄”的心理，所以精明的销售人员总是能利用人们的这两种心理，在未做生意或者生意刚刚开始的时候拉拢一下客户，送客户一些精致的礼物或请客户吃顿饭，以此来提高双方合作的可能性。

贪图便宜是人们常见的一种心理倾向，我们在日常生活中经常会遇到这样的现象。例如，某某超市打折了，某某厂家促销了，某某商店甩卖了，人们只要一听到这样的消息，就会争先恐后地向这些地方聚集，以便买到便宜的东西。

物美价廉永远是大多数客户追求的目标，很少听见有人说“我就是喜欢花多倍的钱买同样的东西”，人们总是希望用最少的钱买最好的东西。这就是人们占便宜心理的一种生动的表现。

我们说占便宜也是一种心理满足。客户会因为用比以往便宜很多的价钱购买到同样的产品而感到开心和愉快。销售人员其实最应该懂得客户的这一心理，用价格上的差异来吸引客户。

有这样一个故事，古时候有一个卖衣服和布匹的店铺，铺里有一件珍贵的貂皮大衣，因为价格太高，一直卖不出去。后来店里来了一个新伙计，他说他能在一天之内把这件貂皮大衣卖出去。掌柜不信，因为衣服在店里挂了一两个月，人们只是问问价钱就摇摇头走了，怎么可能在一天时间里卖出去呢？

但是伙计要求掌柜的要配合他的安排，他要求不管谁问这件貂皮大衣卖多少钱的时候，一定要说是五百两银子，而其实它的原价只有三百两银子。

二人商量好以后，伙计在前面打点，掌柜的在后堂算账，一上午基本没有什么人来。下午的时候店里进来一位妇人，在店里转了一圈后，看好了那件卖不出去的貂皮大衣，她问伙计："这衣服多少钱啊？"

伙计假装没有听见，只顾忙自己的，妇人加大嗓门又问了一遍，伙计才反应过来。

他对妇人说："不好意思，我是新来的，耳朵有点不好使，这件衣服的价钱我也不知道，我先问一下掌柜的。"

说完就冲着后堂大喊："掌柜的，那件貂皮大衣多少钱？"

掌柜的回答说："五百两！"

"多少钱？"伙计又问了一遍。

"五百两！"

声音很大。妇人听得真真切切，心里觉得太贵，不准备买了。

而这时伙计憨厚地对妇人说："掌柜的说三百两！"

妇人一听顿时欣喜异常，认为肯定是小伙计听错了，自己少花二百两银子就能买到这件衣服，于是心花怒放，又害怕掌柜的出来就不卖给她了，于是付过钱以后匆匆地离开了。

就这样，伙计很轻松地把滞销了很久的貂皮大衣按照原价卖出去了。

店伙计就是利用了妇人的占便宜的心理，成功地把衣服卖了出去。销售人员在推销自己产品的时候，可以利用客户占便宜的心理，使用价格的悬殊对比来促进销售。其实在很多世界顶尖的销售人员的成功法则中，利用价格的悬殊对比来俘获客户的心是常用的一种方法。

优惠是推动销售最有效的方法之一，所以优惠政策就是你抓住客户心理的一种推销方式。大多数客户都只看你给出的优惠是多少，然后和你的竞争对手做比较，如果你没有让客户觉得得到优惠，客户可能就不会选择购买。所以你不仅要注重商品的质量，还要注意满足客户这种想要优惠的心理需求。

但是，优惠不过是一种手段，说到底是用一些小利益换销量，商场里“买就送”“大酬宾”等活动也是为了薄利多销。当然，在优惠的同时，你还要传达给客户一种信息：优惠并不是天天有，你很走运。这样，客户的心里才会更满足，他们才会更愿意与你合作。

如果客户对你的产品提出意见，你千万不要直接否定客户，要正视产品的缺点，然后用产品的优点来弥补这个缺点，这样客户就会觉得心里平衡，同时加快自己的购买速度。比如客户说：“你的产品质量不好。”作为销售人员的你可以这样告诉客户：“产品确实有点小问题，所以我们才优惠处理。不过虽然是有问题，但我们可以确保产品不会影响使用效果，而且以这个价格买这种产品很实惠。”这样一来，你的保证和产品的价格优势就会促使客户产生购买欲望。

利用价格的悬殊差距来进行推销确实会起到很好的效果，但是在使用时一定要注意方式和分寸，既要满足客户的心理，又要确保让客户实实在在得到实惠，这样才能够保持长期的客户关系关系，实现互惠互利。

在一次大型玩具展销会上，一家玩具公司的展位非常偏僻，参观者寥寥无几。公司负责人急中生智，第二天他在展会入口留了一些别致的名片，名片的背面写着“持此名片可以在本公司展位上领取玩具一个”。结果，展位被包围得水泄不通，并且这种情况一直持续到展销会结束，当然迅速带来的人气也为这家公司带来了不少生意。

这家公司之所以取得了商业上的巨大成功，原因就在于它抓住了客户的“占便宜”心理，以对客户小的恩惠而为公司带来了巨大的利益。

7. 客户都有重视自我的心理

懂营销的人都知道，把握好客户的心理才是终极的制胜法宝，他们深知每个客户都有重视自我的心理，但是很多客户不会直接表露想要更多优惠。

重视自我的心理，包含两层含义，一层是自己对自己的关心和保护，另一层是希望得到别人的关心和重视。而在消费过程中，客户也具有这样的心理，客户会特别注重商品对于自身的价值，同时也希望得到销售人员对自己的关心和重视，如果产品不错，销售人员又对自己表现了足够的重视，那么客户就会很高兴地购买其产品。

而事实上，很多销售人员总是一味地关心自己的产品是否能卖出去，一味夸赞自己的产品多么先进、多么优质，而不考虑是否适合自己的客户、客户喜不喜欢。这样给客户的感觉就是你只关注自己的产品，只注重自己能赚多少钱，而没有给他以足够的关心和重视。客户的心理需求没有得到满足，于是会毫不犹豫地拒绝你的推销。

曾经有一位推销专家说过："推销是一种压抑自己的意愿去满足他人欲望的工作。毕竟销售人员不是卖自己喜欢卖的产品，而是卖客户喜欢买的产品，销售人员是在为客户服务，并从中收获利益。"因此在推销活动中，最重要的不是销售人员，也不是产品，而是客户。"客户至上"，才是销售人员应该遵循的根本原则。能否站在客户的立场上，为客户着想，才是决定销售能否成功的重要因素。

甲、乙两个销售人员到同一个客户的家里推销商品。销售人员甲到了客户的家里，就开始滔滔不绝地介绍自己产品的质量多么好，多么畅销，如果不购买的话会很可惜，结果客户毫不客气地打断了甲的介绍，说："不好意思，先生，我知道你的产品很好很畅销，但是很抱歉，我完全不需要；因为它不适合我。"甲只好很尴尬地说抱歉，然后离开。

等到销售人员乙到该客户家里推销时，却是另外一种情况。乙到了客户的家里，边和客户闲聊边观察客户的家具布置，揣测客户生活档次和消费品位，并和客户家的小孩玩得很好，似乎小孩已经喜欢上了这位叔叔。同时乙在向客户介绍自己的产品时，先询问的是客户需要什么样的款式和档次，并仔细地为客户分析产品能够给客户带来多少潜在的利益。比如，会给客户省下多少开销。最后，乙并没有把自己的产品卖给客户，而是说公司最近会推出一款新机型，特别适合客户的要求，希望客户能够等一等，自己过段时间再来。

乙的一番言语让客户非常感动，因为销售人员乙切实地从客户的立场出发，为客户考虑了很多，表现出对客户的真诚的关心，使客户得到了真正的实惠，赢得了他们全家人的信任。

当乙再次来到客户家中的时候，还给客户的小孩带了些小礼物。乙受到了客户的热情接待，并且很顺利地卖出了他的新产品。之后，销售人员乙和客户建立了长久的销售关系，客户从他这里买走了很多产品。

上面的例子让我们知道，客户需要得到销售人员的关心和重视，需要得到适合自己的、能给自己带来实惠的产品和服务。销售人员真诚地为客户考虑了，让客户感受到了关心，客户才会和你达成交易，甚至和你建立长期的伙伴关系，实现彼此的"双赢"。

因此，让客户满意的根本，是感觉到销售人员是在为自己谋利益，而不是为了获得自己口袋里的钱。

8. 你不卖，客户偏要买的逆反心理

在消费行为过程中，我们也经常能发现这样的情形，销售人员越是苦口婆心地把某商品推荐给客户，客户就越会拒绝。

还有，当客户的心理需要得不到满足的时候，反而会更加刺激他强烈的需要，比如，人们往往对于自己越是得不到的东西，越想得到；越是不能接触的东西，越想接触；越是不让知道的事情，越想知道。

是什么因素导致客户产生逆反心理的呢？例如，当客户对于某商品特别感兴趣的时候，想要摸摸质地，而这时销售人员过来说："不好意思，我们的样品是禁止触摸的！"这时客户的心里立刻会变得反感：有什么好的，不摸就不摸！于是扭头就离开了。这就是客户对商品的强烈的好奇心受到了阻碍，而导致客户产生心理逆反。

再有一点容易引起客户逆反心理的原因是对立情绪，因为客户一般都会对登门推销的销售人员抱有警戒心理，本能地对其不信任，这样的话，销售人员把自己的产品说得越好，客户越觉得是假的；销售人员越是热情，客户越是觉得他虚情假意，只是为了骗自己的钱而已。

例如，在实际销售中，很多销售人员往往为了尽快签单，而一味穷追猛打，以为通过密集的推单"轰炸"就可以把客户搞定，但是这样很有可能会起到相反的效果，令客户产生逆反心理：因为在与客户初次接触的时候，客户常常怀有戒备之心，如果此时只是一味强调己方的产品如何如何好，如何如何实用，客户反而会更加警惕，因为害怕受骗而拒绝接受。

客户的逆反心理在具体消费过程中会有以下几种表现形式：

（1）反驳。客户往往会故意针对销售人员的说辞提出反对意见，让销售人员知难而退。

（2）不发表意见。在销售人员苦口婆心地介绍和说服的过程中，客户始终保持缄默，态度也很冷淡，不发表任何意见。

（3）高人一等的作风。不管销售人员说什么，客户都会以一句台词应对，那就是“我知道”，意思是说，我什么都知道，你不用再介绍。

（4）断然拒绝。在销售人员向客户推荐时，客户会坚决地说：“这件商品不适合我，我不喜欢。”

很多销售人员不懂得客户的逆反心理，在销售过程中，总是片面地、滔滔不绝地介绍产品，而不顾客户的感受，结果只能是一次又一次地遭受到客户的拒绝。

爱德华先生的私家车已经用了很多年，经常发生故障，他决定换一辆新车，这一消息被某汽车销售公司得知，于是很多的销售人员都来向他推销轿车。

每一个销售人员来到爱德华先生这里，都详细介绍自己公司的轿车性能多么好，多么地适合他这样的大老板使用，甚至还说：“您的那台老车已经不能再使用了，否则有失您的身份。”这样的话无疑让爱德华先生心里特别反感和不悦。

销售人员的不断登门，让爱德华先生感到十分烦躁，同时也增加了他的防御心理，他心想：哼，这群家伙只是为了推销他们的汽车，还说些不堪入耳的话，我就是不买，我才不会上当受骗呢！

不久，又有一名汽车销售人员登门造访，爱德华先生心想，不管他怎么说，我也不买他的车，坚决不上当。可是这位销售人员只是对爱德华先生说：“我看您的这部老车还不错，起码还能再用上一年半载的，现在就换未免有点可惜，我看还是过一阵子再说吧！”说完给爱德华先生留了一张名片就主动离开了。

这位销售人员的言行和爱德华先生所想象的完全不同；而自己之前的心理防御也一下子失去了意义，因此其逆反心理也逐渐地消失了。他还是觉得应该给自己换一辆新车。于是一周以后，爱德华先生拨通了那位销售人员的电话，并向他订购了一辆新车。

逆反心理既会导致客户拒绝购买你的产品，相反也会促使其主动购买你的产品。例子中的销售人员就是从相反的思维方式出发，消除客户对销售人员的逆反心理，从而使他主动购买自己的产品。

逆反心理支持人们的一种与常规相反的意识和行动，当销售人员拒绝客户购买某产品时，客户反倒非要买来用用，结果是客户自己说服了自己。

因此，销售人员在向客户推销产品的时候，一方面要避免引起客户的逆反心理使其拒绝购买自己的产品；另一方面，还要学会刺激客户的逆反心理，引发客户的好奇心，让客户产生强烈的购买欲望。从而从正、反两方面来调动客户的积极性，使自己的销售工作获得成功。

9. 客户的购买动机来自内心满足感的获得

归根结底，人们做某件事情或采取某种行动的最基本的内在动机，就是满足其内心的某种满足感。如果他所从事的这件事情，或者他采取的这种行动，不能给行动主体带来一定的满足感、愉悦感，就会使其感到厌烦、无聊，甚至觉得受到束缚，或感到痛苦。试想，有谁面对自己从内心就感到讨厌的事情，依然会充满激情地去做呢？无法获得内心的满足，就无法激发自身的动力，不想去做，或者即使做也是敷衍的、应付的，怎么可能做好？

有一个烟瘾很大的人，一直都想戒烟，但是不管使用什么方法，都不能起到很好的效果，总是过一段时间以后，他就不能够控制，又开始复吸。很多时候，当他再想吸烟时，就会给自己找出若干的理由，说服自己没有必要这么折磨自己。

最后在一位心理学家的帮助下，这个有着严重烟瘾的人竟然真的不再吸烟，坚持了很久，并慢慢把烟给戒了。那么这位心理学家使用了什么样的神奇方法呢？其实方法很简单，心理学家只给他看了两张照片，一张是不吸烟的健康人的肺，一张是因为吸烟而患有肺癌的人的肺。看着被厚厚的焦油覆盖和损坏的肺，有严重烟瘾的人被震撼了，他什么也没有说就离开了。从此以后，他再也没有吸过烟。

是什么力量，让这个烟瘾如此严重，而屡戒都不能成功的人，最后却如此简单地下定决心去戒烟呢？那就是吸烟这种不健康的行为让他真正发自内心地感到厌恶，而对不吸烟这种健康的生活充满期待。这样就激发了他戒烟的强烈动机。

因此，我们可以通过改变某种行为本身的意义，从而达到改变人们行为方式的目的。当某种原本令人厌恶的行为，会给人带来某种满意的体验，人们就会接受它，当某种原本会给人带来快感的行为，会对人造成某种伤害，人们就会摒弃它。这就是内心满足感对人们的行为动机的激发作用。

对于销售人员来说，如何激发自己的工作动机，如何调动客户的购买动机，是十分重要的两件事。

销售工作是辛苦的，富于挑战的，同时也是残酷的，会经常遭受挫折。因此，如果销售人员总是遭受这样的内心体验，必然会对销售工作产生厌倦，会感到痛苦而不愿意全力以赴，甚至不愿意继续做下去，这样，就会失去动机，轻易放弃。而如果能让销售人员从这份富有挑战的工作当中体验到刺激、快乐以及莫大的收获，他就会在这种愉悦的内心体验下，激发出强烈的动机，使其做出更出色的成绩。

在面对客户时，想要调动其购买的积极性，就要想方设法激发他内心的满足感，让他从购买你的商品中获得实惠，获得利益，获得好处，从而产生强烈的购买动机，然后购买你的产品。

总之，销售工作不是销售人员的独角戏，不仅要使自己拥有工作的热情和强烈的销售动机，还要善于引导客户，让客户产生强烈的购买动机，要善于让客户主动购买。否则不管你的商品有多好，你要是硬塞给客户，客户无论如何是不会接受的。销售人员要善于发挥一些心理影响力，来调动和改变自己以及客户的行为，促使销售工作的顺利进行。

10. 给客户宾至如归的感觉

设想一下，你是否也会感觉在自己的家里、在自己的亲人面前才会感到不受约束，感觉到自由随意，而在其他场合就会受到拘束，这种因为环境造成的不一样的感觉必然会影响到人们的行为。这样，我们则可以通过环境的改变，对人们的心理造成一定的影响，从而促进他们产生某种倾向，采取某种行为。

对于销售来说，客户的满意度是销售人员最应该注意的地方，而如何才能让客户更加满意，其实环境也起着很重要的作用。让客户感觉温馨、舒适的环境，会增加客户的归属感，从而使其放松警惕，更容易和销售人员打成一片，说出自己的真实想法和需要，并使彼此真诚以对，利于交易的顺利达成。

有些顾客愿意多花钱享受更好的服务，购买更好的商品。因为好的服务和好的商品能够为其提供更多的舒适和好处。环境也算是服务中的一个重要环节。这里的环境包括大环境和小环境，大环境指的是进行交易的场所，如在商场、店铺、客户家中、办公室、工厂或者咖啡馆等。小环境则是销售人员与客户之间交谈商讨的氛围，如销售人员是否积极热情，说话是否得体，举止是否得当等。这些环境有很多是可以控制的，通过人为的因素来主动创造一种更加舒适、更加和谐的环境和氛围，对销售工作会起到一定的促进作用。比如，有的餐厅把用餐环境设计得十分雅致、舒适，播放着优美的音乐，服务生的态度热情、礼貌，其目的就是让顾客吃得舒服，吃得开心，下次再来。因此，对环境的设置也是很有必要的。让客户有一种宾至如归的感觉，使客户感到更多的舒适和自由，使其流连忘返，产生再次享受的欲望。

泰国东方酒店是一家已有百年历史的大饭店。而这家饭店这么多年以来，几乎天天客满，不提前一个月预订很难有入住的机会。一个饭店能经营到这种程度，自然有其特殊的经营秘诀。因为饭店对每一个入住的客户都给予最细致入微的关怀和重视。为客户营造了最舒适的、最体贴的环境和氛围，让客户流连忘返。

除了饭店的住宿、餐饮、娱乐等消费的大环境让人倍感舒适和享受以外，具体的服务小环境也是让人倍感温馨和体贴。比如，一位史密斯先生入住了这家饭店，早上起床出门，就会有服务生迎上来："早上好，史密斯先生！"不要感到惊讶，因为饭店规定，楼层服务生在头天晚上要背熟每个房间客人的名字，因此他们知道你的名字并不稀奇。当史密斯先生下楼时电梯门一开，等候的服务生就会问："史密斯先生，用早餐吗？"当史密斯先生走进餐厅，服务生就问："史密斯先生，要老座位吗？"饭店的电脑里记录了上次史密斯先生坐的座位。菜上来后，如果史密斯先生问服务生问题，服务生每次都会退后一步才回答，以免口水喷到菜上。甚至在若干年后，史密斯先生还会收到饭店寄来的信："亲爱的史密斯先生，祝您生日快乐！您已经5年没来，我们全饭店的人都非常想念您。"

这样的环境和服务，让客户享受到了最舒适的体验，也得到了最大的重视和关怀，因此，只要来过这里的客户，都会愿意再次光顾。

这就是泰国东方饭店成功的秘诀之所在，给客户最高的重视，为其提供最体贴的服务，为其创造最舒爽的环境和氛围，从而紧紧地抓住了客户的心。销售人员也应该从这方面努力，利用环境的因素，对客户造成一些有利的影响，促使交易朝着正面的方向前进。

环境与氛围对销售起着非常重要的作用。仅仅为客户提供质量优秀与价格合适的产品是远远不够的，如果没有提供相对应价值的环境与氛围，销售也是很难开展的。

在销售过程中，不能只注重硬件的销售，而忽略了软件的销售。优秀的质量与合适的价格等，这些都是影响销售的硬件，而销售的环境与氛围则是影响销售的软件，如：销售公司前台的创意布置、人员的合理安排、会客厅或会议室的装修与布置，这些都要使其与公司产品的价值相对应；员工的衣着与言谈举止都要进行有针对性的培训，客户访问时，现场环境与氛围要根据客户的职位、性格等进行针对性的临时布置；店铺环境与氛围设计、产品的陈列布置及广告宣传等硬件的信息，都能够让客户看到产品背后的实力以及公司的品位与品质，这对客户最终的消费选择会产生很大影响。

总之，环境和氛围的设置和创造，也是销售过程中的一个十分重要的环节，好的环境和氛围会引导整个销售向着有利的方向发展。

第四章

客户行为背后的心理

1. 以服饰评估客户的购买力

服饰是一个人的社会符号。从服饰上可以看出一个人的经济水平、文化程度、社会地位、家庭教养、性格特点等。因此，销售人员要善于观察和分析，由表及里，洞察客户表面之下的真实情况，对客户进行准确定位，使销售有的放矢。

我们常常会说这样一句话“人靠衣裳马靠鞍”，意思是说人需要服饰来修饰，经过一番打扮以后，会使人变得更有气质。而从另一个角度来说，服饰则从侧面反映了人们的一些实际的情况，如经济能力、品位修养、爱好兴趣、思想观念等。作为销售人员，虽然不应该“只认衣服不认人”，看见穿得华丽的客户就努力巴结，遇到衣着朴素的客户就不搭理，但是可以通过客户的服饰来对客户的一些基本情况做出判断，以便在销售过程中能够为客户提供合适的商品和服务，使客户满意而归，又不至于弄巧成拙，伤害到客户。

销售人员要善于察言观色，而其中十分重要的一个方面，就是销售人员要善于从服饰来评估客户的购买力。虽然说没有哪一个客户会主动告诉销售人员自己的经济实力，但是如果销售人员能够通过对客户服饰的观察来发现谁是有钱人，谁有超强的购买力，那么就有利于在销售中把握机会，多卖一些商品，给自己带来收益。

不同经济水平的人，在穿着上也是各有特色的，从其服装的款式、质地很容易判断出一个人的经济实力。一般地，女性对服饰是十分看重的，因此也比较容易看出其在经济地位上的差别。那些穿着服装款式比较新、面料优质的时髦女性，大多是收入比较不错的，生活宽裕，经济负担轻，在消费上比较慷慨大方，舍得在与个人生活和事业紧密相关的东西上花钱。

相对来说，男性的服饰不会像女性那么具有很大的区别。一般地，年轻的男性白领在服饰上会表现得比较张扬，在吃穿用度上有自己的新主张，追求时尚、健康，服饰以舒适、简洁、个性为特色。而成熟稳重的成功男士，其服饰的样式会比较简单，面料却非常好，多为毛料、纯棉、真丝，既有光泽又很平滑。

学会从服饰看一个人的经济实力和消费品位，就很容易在销售时巧用应对策略，让不同的客户都买到自己喜欢而且满意的商品，为自己赢得更多的利益。

韩静是一家广告公司的推销员，一次她在一家美发店里遇见一位中年男子，虽然身材很胖，样貌平平，但是穿的衣服都是比较名贵的品牌。而且美发店里的人对他都很恭敬，亲切地喊他“王总”。看来这个人大有来头。于是韩静主动和他搭话，发现他很谦和、很有礼貌，两人交换了名片，开始闲聊。当他提及公司需要在当地做些宣传时，韩静便介绍了自己的广告公司，王总听后觉得不错，就约定到公司细谈，后来王总同意由韩静的广告公司代理宣传，并签订合同，一笔50万元的大单在一次不经意的机会中就实现了。如果韩静当时没有留意那个人，就会失去一笔不小的生意。

销售人员在现实生活中要善于观察、善于发现，通过外表、服饰等特征来判断客户的购买能力，把适当的商品推销给合适的人。

除了衣服，鞋子也可以显示出一个人的经济水平，因为鞋子一般不会像衣服那样容易过时，一个人可能能用低廉的价格买到质量比较好的衣服，却买不到质量好的鞋子。那些服饰华丽而鞋子普通的人，一般消费水平有限，而衣着普通，鞋子高档的人则正好相反，经济实力应该不错。

此外，看人除了服饰、鞋子外，还可以从客户身上一些小的佩饰发现其审美倾向和经济实力。戴黄金、钻石、美玉的客户其经济实力自然是很强的，而佩戴一些别致精美的佩饰的客户也是不容忽视的，他们的品位比较高，消费上也是舍得投入的。

总之，销售人员对客户的观察应该是全面的，仔细的，从整体以及细节上来准确判断客户的消费层次和购买能力，从而有针对性地实施销售，必然会收到事半功倍的效果。

2. 从言谈举止中发现谁是“当家人”

俗话说“办事要办在点子上”。在销售活动中，销售人员要善于“找对人，办对事”，如果不能找出谈判中具有决策权的关键人物，那么即使自己再怎么努力，也是难以取得成功的。销售人员往往会遇到全家人一起来购买商品的情况，这时销售人员就要找出到底谁才是真正“当家做主”的人，谁更有决策权，只要你能够说服那个“当家的”，其他的人也就不会再有异议，如果销售人员找不到真正管事的人，而对着做不了主的一方大肆推销，必然是徒劳无功，白费口舌，而且还会浪费时间和感情。因此销售人员要善于从客户的言谈举止中，判断出谁是具有决策权的关键人物，这样才会找对人，把事办好。

一对夫妇到商店挑选床上用品，销售员小敏接待他们。

妻子：“这张床的尺寸是多大的？”

小敏：“1.5米×1.8米。”

妻子：“有没有更大一点的。”

丈夫：“我觉得这个就行。”

妻子：“亲爱的，咱家的卧室比较大，床小了显得太空，所以不能要太小的。”

小敏："那您可以看一下这个，这张床是1.8米×2.1米的，比较适合大一点的卧室。"

妻子："嗯，这个还可以，亲爱的，你觉得怎么样？"

丈夫："我听你的。"

小敏："先生，您的太太真是既精明又能干，娶到这样一位好太太，您真是有福气啊。"

妻子："那就选这张床吧，可以吗？"

丈夫："好的。"

从他们夫妇两人的言谈之中，小敏敏锐地发现，妻子是一个比较有主见的人，而丈夫则多顺从于她，而且妻子总是率先发表意见，对家里的情况也更加了解，所以她的选择会更加适合家庭情况。因此小敏断定妻子应该是家庭中具有决策权的关键人物，因此小敏把说服的重点放在了女主人身上，不仅使他们买了一张大床，还给女主人介绍了几款，并迎合女主人的品位，引导她买了床上用品7件套。

小敏通过察言观色，判断出客户在家中的地位，以及谁更有发言权，并针对关键人物进行说服和赞美，最终成功实现销售。可见销售人员"找对人"的重要性。

判断家庭中谁是"当家的"，可以通过在购买过程中，夫妻双方的言行表现来进行判断。一般地，具有决策权的一方，其观点是比较明确的，对要选购的商品有着积极的态度，会率先发表意见，提出要求，并和销售人员进行磋商，而另一方则多是附和、顺从，发表不出什么意见。当然有的情况是一人做主，有的情况则是二人共同商议。

此外，如果销售人员是到客户的家里进行推销，则可以从客户家里的布置格调，是否收拾得干净，甚至从小装饰和鞋架都可以判断出谁是"当家的"。比如：客户的家中整洁干净，各种装饰品比较偏女性化，鞋架上的鞋子不仅干净而且摆放整齐，那么女主人就一定是最有发言权的人。如果家中的饰品的风格偏硬朗，则是以男主人为中心的。这就需要销售人员善于观察，找出真正的决策者，投其所好，实现交易。

如果销售人员是向企业进行推销，也要善于找出实际决策人，并把他作为重点公关对象，这样才会避免在企业的小人物身上浪费时间和精力，提高最后签单的效率。

3. 从走路的姿势分析客户的性格

要发现一个人的性格特征并不难，从客户走路的姿势就可以看出来。这就需要销售人员善于留意和观察，并在进一步的交流中加以验证，掌握了客户的性格特征，进而采取适当的应对策略，才能有效地打动客户，成功实现交易。

一个人的行为方式在一定程度上反映着他的性格特征，因此销售人员要想在短时间内摸透客户的性格，洞悉客户的心理，熟悉客户的办事风格，就需要对客户的行为方式留心观察，从客户的某些行为方式中看出客户的性格特征。这样销售人员在销售中就会有针对性制定销售策略，提高销售的效率。而一个人走路的姿势则是体现其性格特征的重要方面。

销售人员经常遇到的客户有以下一些典型的走路姿势，并反映出他相应的性格特征。

（1）昂首阔步型。客户走路抬头挺胸、昂首阔步、铿锵有力，一副成竹在胸的样子。这样的客户是非常自信、聪明好学、知识丰富，主观意识比较强烈，做事情反应迅速、有条不紊、有很强的组织能力，一般在工作和事业上会比较成功。其缺点在于有时候太过自信，不轻易相信他人。

面对这样的客户，销售人员应该以同样的自信去应对，使自己的语言明确、条理清晰，对客户提出的问题能够自如应答，这样才会赢得客户的信赖。如果销售人员表现得吞吞吐吐、拖泥带水、啰啰嗦嗦，则会让客户感到怀疑和厌烦，使交易失败。

（2）慢条斯理型。这样的客户走路总是缓慢的、小心谨慎的，而且也不喜欢东张西望，头往往是微低着。这是一种内向、害羞的表现，往往给人一种冷漠的感觉。其实他们的内心是热情的，而且非常渴望与人交往，是典型的“外冷内热”型的人。如果你主动接近他，就会发现其实他们为人善良诚恳，修养很高，做事很谦虚，并且重情重义。

面对这样的客户只要销售人员能真诚相待，多给客户一些理解和关怀，是很容易感动他们的。销售人员在与这样的客户谈判时，切记不能急躁，应该顺着客户的步调，太急反而给客户带来压力，遭到客户的拒绝。

（3）步履匆匆型。有的客户走路总是健步如飞，风风火火，不顾左右，这样的客户是典型的行动主义者。他们往往会表现得精力充沛，办事雷厉风行，从不拖泥带水。这样的客户办事讲求效率，对事情不推诿不搪塞，但是有时候难免因为急躁而显得草率，容易出现纰漏。

销售人员在应对这样的客户时，要多为客户着想，在客户容易出错的地方给其善意的提醒，为客户做好售后服务，这样才能满足客户的需求，得到客户的认可。

（4）健步如飞型。有的客户在走路时，不管是人多人少，都如踏进无人之境，这样的客户会让人感觉有些风风火火、不计后果，因此也容易得罪人，把事情办砸。但是这样的人的可爱之处在于为人坦率真诚，性子直，不会耍心眼，又让人比较容易接近。

和这样的客户谈生意，销售人员一定不能弄虚作假，哪怕你有半点的虚伪都会让客户无法接受。只要你诚心诚意地对他，得到他的信任，他甚至会把自己的朋友介绍给你，照顾你的生意。但是如果你得罪了他，就会损失很多客户。

（5）踱方步型。踱方步走路的客户往往会比较庄重和严肃，对事情认真负责，做事情很理智，不会因为一时冲动而做出什么决定。务实和精明是这类客户的特点。

销售人员如果碰到这样的客户，就要以认真的态度对待，尽量少和客户开玩笑，以免因自己的不庄重而让客户反感，在谈判时话题要力求务实，用实际效益来说服客户，而不是发表空洞的长篇大论。

4. 从坐姿透视客户的心理

正所谓“站有站相，坐有坐相”，一个人的坐姿也在一定程度上反映着一个人的个性和修养。在销售中，当销售人员与客户进行谈判的时候，客户的不同坐姿可以反映出他的态度和心理，如果销售人员善于观察，就会发现客户的心理轨迹，从而了解到客户的意愿，做出积极的响应或者调整，使彼此达成共识，赢得客户的信任。

有的客户在面见销售人员的时候，总是正襟危坐，双腿并拢，双手夹在两腿中间，很拘谨的样子，这样的客户比较内向，应变能力不是很强，但性格其实很随和，比较重感情。在谈论事物时，虽然嘴上不说，心里却是有数的。面对这样的客户，销售人员只要用真诚的态度，以及形象的语言来突破他们的心理防线。

有的客户在与销售人员交谈时会把左腿翘在右腿上，双手交叉放在腿上，身子向后倾，靠在沙发或者椅子的靠背上，这样的坐姿是一种很自信的表现，一般都是很有成就的人，能力比较突出，对自己的判断和观点很自信，陶醉在自我欣赏的光环之中，在交流中也比较善谈，喜欢表现自己的优越性。销售人员要善于顺从客户的意思，并加以赞赏，让客户满足表现自己的心理需求并得到重视，这样客户才会高兴地进行购买。

还有的客户坐姿很僵硬，双腿和双脚都并拢着，两只手交叉放在腿上，这样的客户是比较固执的。不愿意听取别人的意见，也不喜欢别人唠叨，大多没有耐心静下来听别人长篇大论。他们对于销售人员是心存芥蒂的，不会轻易接受销售人员的推销。在这样的客户面前，销售人员说话要简明扼要，并给客户展现出真正的实惠，用优质的品质和低廉的价格打动他们。因为他们不喜欢虚伪的东西，实惠才最能打动他们。

有的客户在销售人员面前的坐姿比较随意，半坐半躺地靠在沙发或椅背上，或者双手抱于脑后，显得有些慵懒，这样的客户性格比较随和，与他们相处是比较愉快的。他们往往出手大方，只要自己喜欢就会购买，但是对商品品质的要求会比较高。

小孙是一位保险推销员，一次他去面见一位客户，被客户请进屋子后，主人便坐在对面的沙发上，直着身子听小孙讲述他的产品。小孙在讲述的过程中发现客户是个比较内向的人，于是便主动缓和气氛，说了一些轻松的话题，这样双方谈话的氛围比较愉快，客户也很自然地靠在了沙发背上。这时小孙讲到了一种新的保险业务，很快又把客户吸引过来，客户渐渐离开了靠背，身子前倾，好像害怕听不清楚。小孙知道客户已经有意购买，便及时地加以劝说和鼓励，最后客户终于和小孙签了保单。

善于掌握客户在坐姿中透露出来的信息，并积极地采取策略，才会使交易顺利进行，向着好的方向发展，最终获得成功。如果不能发现客户的真实心理，不顾及客户的感受，是很容易失败的。

一个客户不会自始至终只保持一种坐姿，客户会随着交流的进展，心情的变化等更换自己的坐姿。因此，从客户坐姿的变化中也能看出客户的心理变化。销售人员应该多加注意。

在销售人员与客户的互动过程中，可能一开始客户还正襟危坐，认真听你讲话，并有所附和，可能过一会儿就会双手交叉，向后斜靠在椅子或者沙发上，不再发表意见，这就表明客户已经对你的话题失去兴趣，或者对你的描述产生怀疑。这时销售人员就要及时地调整策略，改变方式，想办法引起客户的兴趣，或者用有力的证据证明自己说的话，否则客户就会不耐烦，交流就无法进行下去。

如果客户本来向后靠在椅子上倾听销售人员陈述，但是渐渐地身子前倾，则表明客户对你的话题很感兴趣。这时销售人员就要及时地提出成交的要求，使客户尽快同意。

如果客户把身子转向了一边，脚开始乱动，手也在玩弄别的东西，说明客户对你的谈话很不感兴趣，已经不愿意再理你，开始以冷漠相待。

销售人员要善于从客户的坐姿中发现有价值的信息，为自己的销售提供指导，摸准客户的内心，增加成交的可能，提高销售的效率。

5. 读懂客户的几种笑语

笑是一种包含着无尽含义的语言，可以传递出诸多情感。笑的种类很多，有微笑，有冷笑，有傻笑，有苦笑，有哈哈大笑，还有皮笑肉不笑，不同的笑代表着不同的含义。而不同的人笑的习惯也不一样，有的人笑得爽朗，有的人笑得含蓄，即使是同一个人，在不同的场合和氛围之中笑的形式也是大有区别的。销售人员在与客户的交往中，客户也会有很多发笑的时候，销售人员只有善于观察和分析，才能发现笑背后隐藏的真正含义，从中解读出客户的内心，把握客户传递出来的信息。

在销售人员接触的众多客户中，会表现出很多笑的类型，而不同类型的发笑则有着不同的含义，表达着客户不同的心理。

（1）含笑。含笑是一种程度最浅的笑，它不出声，不露齿，仅是面含笑意，意在表示接受对方，待人友善。一般的客户为了表示礼貌，都会含笑对待销售人员，即使不喜欢销售人员的商品也不至于怒目而对。

（2）微笑。微笑是一种比含笑的程度稍微深一些的笑。它的特点是面部已有明显变化：唇部向上移动，略呈弧形，但牙齿不会外露。它是一种典型的自得其乐、充实满足、知心会意、表示友好的笑。在人际交往中，其适用范围最广。客户对销售人员微笑，说明客户是友好的，易于接近的，特别是一向严肃的客户如果某一次终于对你报以微笑，那么成交的可能性就很大了。

（3）轻笑。轻笑比微笑的程度更深。面容进一步发生变化：嘴巴微微张开一些，上齿显露在外，不过仍然不发出声响。它表示欣喜、愉快，多用于会见亲友、向熟人打招呼，或是遇上喜庆之事的时候。轻笑的客户表示他很愿意见到你，或者对你的商品很感兴趣，有愿意接受的心理。

（4）浅笑。浅笑又俗称抿嘴而笑，表现为笑时抿嘴，下唇大多被含于牙齿之中。它多见于年轻女性表示害羞之时。浅笑表示客户说错了话，或者因为某些话题让人不好意思而显示出的一种害羞，这时销售人员已经获得客户的好感，被客户所认同。

（5）大笑。大笑程度很深的一种笑，面容变化十分明显：嘴巴大张，呈现为弧形；上齿、下齿都暴露在外，并且张开；口中发出“哈哈哈”的笑声，但肢体动作不多。它多见于欣逢开心时刻，心情欢快，或是高兴万分。大笑说明客户很尽兴，或者内心充满极大的愉悦，这时销售人员适时地提出成交要求，则很可能会获得成功。

（6）苦笑。苦笑一般出现在遇到比较为难又无法解决的时候，表现了人们内心的一种无奈和痛苦。在与销售人员的谈判中，如果销售人员给了客户很多的压力或者条件很苛刻，客户一时难以做出决定，就会表现出无奈的苦笑。

这时销售人员不能再给客户施压，否则很可能使交易走向失败，而应该真诚地为客户提供解决的方案，帮助客户寻找两全其美的方案，解除客户的无奈和痛苦，才会得到客户的感激和信任。

（7）掩着嘴笑。这种笑往往出现在发现别人犯了不该犯的小错误，或者做出比较怪异的动作、说出不合常理的话，而偷偷发笑，这种笑并没有嘲讽的意思，而是充满了善意。在销售中，如果销售人员的讲解或者认识显得比较肤浅和幼稚时，就会引起客户掩嘴而笑。

这样的客户往往知识比较渊博，思维灵敏，比较大度，富有涵养。在销售人员面前会表现出一种优越感和成就感。当发现客户抿嘴偷笑时，销售人员不必感到尴尬，用幽默的方式进行自我解嘲，反而会让自己显得可爱，更加拉近彼此的距离。

（8）皮笑肉不笑。一种很轻蔑地笑，表示对别人的不屑一顾，或者对别人的观点不敢苟同。大多出现在比较严肃的客户身上。如果销售人员所推荐的商品或者所说的话无法赢得客户的信任，客户就会报以不以为然地笑。

面对客户的这种笑，销售人员不必灰心和失望，而应该积极地寻找突破口，改变话题，引起客户的兴趣，并用翔实而有力的证据说明自己商品的信誉度，进而使客户相信并接受自己的观点。

不同的笑反映出人们不同的心情，也反映出了人们不同的性格，笑不仅是一种外在的语言，还是内在心理的外露。因此善于从笑中发现客户的性格和心理，会给销售带来很大的帮助。

6. 看客户眼色行事

“眼睛是心灵的窗户”，从一个人的眼神可以看出他的心理。一个人说出来的话可能是假的，而一个人的眼神则是无法伪装的。因此我们可以从一个人的眼神中看到其内心深处最真实的东西。由眼及心，透过这扇心灵的窗户，我们可以看见窗户里面的情景。销售人员要学会察言观色，从客户的眼神中看出客户的心理，并随机应变，化解客户的怀疑和抵制，换取客户的真诚相待。

保险推销员小周敲开了一家客户的门，一位中年妇女开门，一看是陌生人，也没有说话，只是用充满敌意的眼神看着他。小周赶忙递上自己的名片，并主动地做自我介绍。女主人“哦”了一声说：“进来吧！”小周觉得这个客户肯定比较苛刻，应该小心应对。

进屋后，小周对自己的业务进行了简单的介绍。女主人一直以怀疑的眼神看着他，而且态度很是冷淡，虽然她没有说什么，却让小周有些望而生畏，他知道客户对他的戒心很重，要想办法消除客户的怀疑。于是他说：“我们的信誉您可以放心，在这个小区里已经有很多客户买了我们是保险，因为我们推出一种新的业务，很适合您这样的家庭。您可以考虑一下。哦，对了，前几天您楼下的张太太刚买了一份，您也可以向她咨询一下。”听小周这样说，女主人才稍稍放心了一些。这时女主人家的小孩放学回家了，便和小周一起玩，女主人看见他对自己的孩子很好，很会哄他，觉得小周是个真诚而负责的人，于是看待小周的眼神变得柔和而友好。经过小周的说服和争取，女主人终于决定购买他的保险。

在销售中，销售人员会遇到形形色色的客户，难免会遭到客户的冷眼，当然也会得到客户理解的眼神、支持的眼神、鼓励的眼神、称赞的眼神。一般地，在销售中，客户的眼神有以下几种类型。

（1）柔和友好型。这样的客户是善良的、真诚的，对人很少有戒心。在面对销售人员时会眉眼含笑，嘴角也有笑意，表现出对人的热情和好感。这样的客户是销售人员喜欢遇见的，即使生意不成，也会带着愉快的心情离开。

（2）怀疑型。大多数人对待销售人员都是充满了怀疑，因此看销售人员的眼神也会充满不信任。客户在购买商品时总是比较谨慎的，如果销售人员提供的信息没有足够的说服力就会引起客户的怀疑。客户的眉头就会微皱，眼睛的瞳孔变小，眼睛里透露出迟疑的神情。

（3）好奇型。如果销售人员的商品有很多有趣的地方，这时客户的眼睛瞳孔放大，眼皮抬高，盯着销售人员或者商品仔细地看，表现出很大的兴趣。有些商品有着奇特的功能，在制作工艺上很有技巧性，如果客户之前没有见过这样的商品，就会为商品的奇特性所吸引，并表现出惊讶。他们的瞳孔会变大，嘴巴微微张开。如果销售人员能够有效地进行引导，就会促使客户购买。

（4）沉静型。这些人眼睛的瞳孔总是保持自然状态，眼皮不动，冷静地看着销售人员，这说明销售人员的商品或者话题对客户来说不足为奇，无法引起客户的兴趣。这样的客户一般见多识广，很有主见，而且很沉着，不会被销售人员华丽的说辞所迷惑。对待这样的客户，用真诚的服务和优秀的商品品质来打动他是最实际的。

眼神可以传递出很多客户内心深处的信息，善于观察客户的眼睛，发现客户的内心，对销售工作的顺利开展是很有帮助的。

看客户的眼色行事，重视客户的感觉和反应，从中获得关于客户内心情感的准确信息，从而把握客户的心理，这样才能够有针对性地应对各种状况，克服不利因素的影响，获得客户的信任和喜欢，使销售顺利进行。

7. 从空间距离测量客户的心理距离

空间的距离从一定程度上反映了彼此之间在心理上的距离，距离的远近与关系的亲疏密切相关。销售人员要善于通过客户与自己保持的距离来透视客户的心理，还要善于利用空间的转换拉近自己与客户之间的距离，增进彼此的情感，让客户接受你，进而接受你的商品。

周涛是一名电子设备的销售员，他想把自己的电子设备推销给某工厂，便去拜访该厂的厂长，但是去了几次，效果并不是很好。第一次去，厂长避而不见。第二次去虽然让他进了办公室谈话，但是也没有让他坐，只是站着聊了几句，就说有事离开了。

但是周涛没有放弃，这一天他又来拜访这位厂长，恰好碰上厂长和自己的秘书正在费劲地搬一台打印机到自己的办公室里。于是周涛主动上前帮忙。周涛的热情和善意让厂长很感动，于是便在忙完之后和他坐在一张沙发上聊起天来，最后愉快地同意试用他的电子设备。

心理学研究表明：空间距离与心理距离是密切相关的。每种关系都有着不同的距离范围，陌生人之间不会离得太近，亲人之间不会离得太远。

不可否认，销售人员与客户初次见面彼此之间难免会有隔阂，客户对你避而远之也是情理之中的事情，销售人员不能因此而灰心失望，而是应该想方设法地缩短彼此之间的距离，使客户的心渐渐地向你靠拢，接受你和你的商品。

美国人类学家爱德华·霍尔通过多年的观察和研究，发现了人们之间的4种距离：

（1）密切距离：0.15~0.45米，这是亲人之间的距离，如父母、恋人、夫妻之间，为了给对方以爱抚、安慰和保护而保持的较近的距离，使彼此伸手可触。关系比较密切的同伴也可以离得这样近。

（2）个体距离：0.45~1.2米，这是朋友之间的距离。能够拥抱或抓住对方的距离。对于对方的表情一目了然，适合促膝谈心。

（3）社会距离：1.2~3.6米，这样的距离超越了身体能接触的界限，是正式的社交场合人与人之间的距离，给人一种庄重感和严肃感。这种距离也适合在一起工作的同事之间，使彼此在工作时既不受他人影响，也不给别人增添麻烦。

（4）公众距离：包括接近型（3.6~7.5米）和远离型（7.5米以上）两

种，适合于演讲等公共场合，说明说话人与听话人之间有许多问题或思想有待解决与交流。

通过彼此之间的空间距离，一般能够比较准确地判断出你与对方的关系和密切程度。销售人员可以通过在与客户会面时客户与你保持的空间距离，来测量客户与你之间的心理距离，从而洞察客户的情感变化，并善于运用空间距离的转换，使客户的心向你不断地靠近。

一般销售人员去拜访客户，或者是到客户的家里，或者是到客户的办公室。如果客户始终把你挡在门外，或者即使把你请进门，也是隔着很远的距离，让你站着简单地说几句，这说明客户对你的抗拒和防范心理是十分严重的，生意很难成功。

如果客户把你请进了家或者办公室，和你面对面隔着茶几或者办公桌，彼此坐着进行交谈，则表明客户对你以及你的商品都是可以接受的，交易成功的可能性也就比较大。

如果客户越过了彼此之间的隔离，愿意坐在你的身边，听你详细讲解，那么只要你稍微争取一下，客户就会购买你的商品。

因此，销售人员可以通过转换谈判场所来缩短彼此之间的距离，比如把会见的地点换成茶馆、酒吧、咖啡厅等比较休闲的场所，创造一种轻松和谐的氛围，减少心理上的陌生感，使双方的心理距离自然拉近。同时，销售人员还要善于借助各种社交活动，如棋牌、保龄球等娱乐方式，来了解客户，和客户尽快熟悉起来，并增进彼此的亲密感。

销售人员不仅要努力地赢得客户的信赖，缩短自己与客户之间的距离，还要善于控制这种距离，保持必要的礼貌和尊重。如果销售人员和客户的距离靠得太近，则会显得不庄重，反而会引起客户的反感。销售人员一定要与客户保持合适的距离，要既显得礼貌庄重，又不失礼节，才会使彼此的关系顺利发展。

8. 从饮食了解客户的个性

事实上，饮食对每个人来说都是非常重要的。饮食不但是人们赖以生存的根本，而且我们还可以从饮食中看出一个人的性格。销售人员有许多和客户共同用餐的机会，聪明的销售人员在吃饭时不但可以照顾他的客户的胃，让他享受幸福的一餐，而且还能细心地观察客户吃的喜好和吃相，以此来判断他的性格，从而讨得他的欢心，使谈话朝着有利于自己的方向进行，最终把商品成功地销售给客户。

赵新是保险公司的销售员，别的同事都整天感叹：要让客户买一份保险真比登天还难！可是赵新在短短一个月里就成功地销售出了12份保险，而且还都是大单子，这样的成绩让其他同事羡慕不已。他们都追问赵新销售的秘诀，赵新只说了一个字"吃"。看着别人困惑不解的样子，赵新便给他们讲了一次他销售的经历。

一次他陪一个客户吃饭，他看客户吃饭时总是细嚼慢咽，非常斯文，表现出良好的教养和优雅的礼仪。于是他就断定他的性格稳重诚实，不喜欢浮夸和招摇。根据客户的性格，赵新在心里确定了销售的方法。首先，他在言谈举止之间尽量表现得优雅得体，他相信这样一定可以给客户留下不错的印象，有利于他们的交谈。然后在正式和客户谈论保险的时候，他尽量多举出一些准确的数字和事实来说明，语气也非常诚恳，他相信自己的表现一定可以让客户满意。果然，客户说："你是一个诚恳的人，我喜欢，不像其他推销员一样，吹得天花乱坠。我决定买一份你的保险。"

同事听了，都惊呼起来："真想不到，原来吃也有这么大的学问。"

销售人员必须要细心，要善于发现，从客户的饮食喜好以及他的吃相上判断出他的性格，这样才能了解客户的内心，从而把商品成功地销售给客户。从饮食中看出客户的性格，是销售人员必须掌握的一个技巧，同时也是优秀销售人员的标志和象征。

当然，人分南北，食分五味，不同的人在食物的选择上往往有不同的偏好。销售人员可以从客户吃的喜好上判断他的性格。

（1）爱吃大米的客户，性格稳重谨慎，喜怒不形于色。他们往往精打细算，有较强的忍耐力，善于自得其乐，很少自寻烦恼，待人处世比较圆滑，不喜欢帮助别人。

与这类客户打交道，销售人员一定要务实，为他们提供价格适中的产品。

（2）爱吃面食的客户，性格热情爽朗、心直口快，容易冲动，做事不计后果，遇到挫折容易失去信心。

与这类客户打交道，要抓住他们心无城府的特点，清楚他们的购买底线，为自己争取最大的利润，但千万不要太贪心，把客户当成傻瓜，不然，客户一时冲动，将会带来难以估量的后果。

（3）爱吃油炸食品的客户，性格热情，喜欢冒险，总想干一番事业，可是一碰到挫折就灰心丧气。

如果你想销售一些新商品、新服务，这类客户往往是你最好的选择。

此外，销售人员也可以从客户的吃相上判断他的性格。

（1）吃饭时喜欢细嚼慢咽的客户，一般都受过良好的教育，有较好的修养。他们往往性格稳重诚恳，做事讲究事实根据，但是缺乏冒险精神。

和这类客户打交道，销售人员一定要表现出良好的修养，尽量多为客户提供一些事实数据，这样能得到他们的信任。

（2）吃饭时喜欢狼吞虎咽的客户，他们往往都是急性子，做事风风火火，可是常常犯考虑不周的毛病。

和这类客户打交道，销售人员一方面要理解客户的急切需要，同时又要按部就班，为客户提供满意的服务。

（3）吃得多却骨瘦如柴的客户，他们往往非常小气，总希望用最少的钱买最好的东西。

和这类客户打交道，销售人员一定要坚守自己的底线，能做就做，不能做就不做，不要无限制地退让。

总之，一个人的性格往往能从方方面面表现出来，吃就是其中的一个方面，销售人员就要抓住“吃”这个突破口，准确地把握客户的性格，为自己成功销售铺平道路。

9. 从喝酒把握客户的心理

酒是现代交际场所的必需品。销售人员在和客户打交道时，酒往往是一个不可或缺的角色，我们可以毫不夸张地说销售人员和客户之间的买卖很多都是喝酒喝出来的。酒在销售中所起的作用是难以估量的，它不但营造了一个良好的气氛，加深了彼此之间的感情，最为重要的是它帮助销售人员成功地抓住了客户的性格，从而有利于销售的成功。

实践中，不同的客户对酒的喜好也是不同的，这不仅仅是一种个人的偏好，而且显示了一个人的性格。作为一名销售人员，要能够通过客户手里那个小小的酒杯看出他的性格，从而根据他的性格特点对其进行有针对性的销售，这样就会大大增加你销售成功的概率。从酒中看客户的性格绝对是销售人员必须掌握的一种销售手段。

细心的销售人员经过长期的观察发现，酒的种类和客户的性格往往有着某种联系。注意客户对酒的选择，以及他们举杯的姿势和喝酒的风格，从这里销售人员能够看出客户的性格，从而在相处时有所留意，对客户做出积极的引导。因此，如果你想成为一名优秀的销售人员，就应该认真研究一下酒和客户性格之间的对应关系。

王建是一家房地产公司的推销员，有一次他约客户在酒店谈生意。他问客户想喝点什么时，客户说："我只喜欢喝红酒，其他的酒我一概不喝。"王建突然想起有次和朋友聊天时，朋友告诉他喜欢喝红酒的人都是性格慷慨、追求高雅，并且实力非常雄厚的人。

于是，他就向客户推荐了一座质量最好的房子，他竭尽所能地向客户介绍房子的设计之独特，风景之优美，品位之高雅，最后他说只是价钱有点贵，但它绝对值这个价。住在这样的房子里，正好和你身份相配。令王建惊喜的是，客户开心地说："价钱我不在乎，只要房子好。"在经过客户的实地看房之后，买卖成交了。

在这个案例中，王建就是通过客户喜好红酒初步了解了客户的性格，从而确立了正确的销售策略。可以说，在这则成功的销售案例中就让销售人员王建成功地找到销售的突破口，从而掌握销售的主动权，使销售朝自己希望的方向发展，推进销售的成功。

那么，酒和客户性格之间究竟有什么联系呢？

（1）选择白酒的客户。选择低度白酒的客户往往思想保守，人际关系融洽。他们拥有积极乐观的生活态度，可是有时"心太软"，即使伤害自己的人向自己求助，也会不计前嫌，倾力相助。他们善于营造谈话的气氛，到哪里都受人欢迎。可是他们常常过于关心别人，有时容易被别人利用。

选择高度白酒的客户，个性好强，无论什么事情都希望自己能够做主。他们容易向别人袒露自己的心声，对小事漠不关心。他们喜欢反抗权威，热衷于冒险和挑战。

面对喜欢喝低度白酒的客户，销售人员要尽量示弱，这样容易引起客户的同情，有利于销售成功。面对喜欢喝高度白酒的客户，销售人员要多征求他们的意见，让他们感到受尊重，这样容易获得他们的好感。

（2）选择啤酒的客户。选择啤酒的客户性格比较温和，喜欢帮助别人，但是他们遇事常常没有自己的主见，不知道该怎么办。

面对喜欢喝啤酒的客户，销售人员要主动帮他们拿主意。

（3）选择红酒的客户。选择红酒的客户有一种天生的高贵和优雅，他们喜欢的其实并不是红酒，而是红酒所显示的身份，他们讲究身份、注重地位，这些人一般有很强的经济实力。

面对喜欢喝红酒的客户，销售人员一定要显示出自己高雅的品位和良好的修养，凡事有自己独特的见解和想法，这样容易获得客户的好感。向客户推荐商品时，要推荐质量和品质都是一流的商品，这些客户往往对金钱不在乎。

总之，销售人员要明白，在客户轻轻摇动的酒杯中，泄露了他的性格和品位，你要及时抓住这些信息，不要无动于衷，如果你不留心这些信息，那么你就会白白失掉一笔生意。

10. 从吸烟看客户的性格特征

吸烟并不是一件简单的事情，在它的背后隐藏着很多深刻的东西。吸烟反映了一个人的内心需要，我们可以从他吸烟的动作和拿烟的习惯来解读他的心理和性格。很多客户都有吸烟的习惯，这就为销售人员了解客户打开了一扇窗，提供了一个渠道。聪明细心的销售人员能够从那一缕缕的青烟中看出客户内心的秘密，判断出对方的性格特点，然后对症下药，找出相应的销售策略，最终取得销售的成功。

那么，销售人员究竟如何从吸烟来判断客户的性格特征呢？

首先，从客户的吸烟动作来判断客户的心理。

一般说来，客户的吸烟姿势各不相同，不同的吸烟姿势反映出不同的心理。

（1）如果客户仰头向上吐烟，说明他是一个很有自信的人，常常给人一种居高临下的感觉；如果他向下吐烟，说明他的情绪非常消极，心里有很多疑虑。

面对这些客户，销售人员一定要不卑不亢，这样才能博得他们的好感。

（2）如果客户向下吐烟圈，那说明他正在思考一些事情。

面对这些客户，销售人员一定要有耐心，等待客户的决定。在等待的过程中，你也可以猜测一下客户的决定，然后想出相应的策略。

（3）客户吸烟的速度和他情绪的积极性相关。如果他吸烟的速度很慢，说明事情很棘手，他正在考虑怎样对付你。

面对这些客户，你要全盘思考，找出应对之计。

（4）如果客户吸烟时一直不断地磕烟灰，说明他心里非常不安和矛盾。

面对这些客户，你要设身处地为他着想，找出他内心不安和矛盾的根源，然后替他解决，这样你就能成功地说服他。

（5）如果客户点燃了一支烟，可是没吸几口，就把烟掐灭了。这说明他想赶快结束谈话，或者说他心中已经有了主意。

其次，销售人员从客户拿烟的习惯也能判断出客户的性格。

（1）“O”形拿烟法。“O”形拿烟法就是客户用大拇指和食指的指尖拿烟，两根手指形成一个小圆圈，其他手指则非常优雅地伸展开来。这些客户往往说得比唱得好听，可是他心里正在为你设置一个陷阱，等着你跳下去。

面对这类客户，销售人员要多长一个心眼，不但要听他说的话，还要分析他讲话的内容，不然就会被他捉弄。

（2）标枪式拿烟法。标枪式拿烟法就是把烟夹在拇指和食指的尖端，其他手指则缩向掌心，看起来好像是抽烟的人在投标枪。这些客户往往脾气暴躁，给人一种很凶狠的感觉。

面对这类客户，销售人员要善智善勇，积极地和客户周旋，避免客户的霸王条款。

（3）握拳式拿烟法。这些客户大多有过贫穷和饥饿的经历，所以他们形成了节约的习惯。即使他们取得了很大的成就，他们的内心仍有深深的自卑感。

面对这些客户，销售人员一定要小心谨慎，每说一句话、每做一个动作都要考虑他们的感受，以免触到他们的伤疤和痛处，让到手的生意又飞了。

总之，销售人员应该学会发现，善于观察，一个平常的吸烟动作，一个随意的拿烟姿势，就在无声地告诉你对方的性格和心理。观察到了这些情况，无疑对你的销售工作是非常有利的。

第五章

看透不同类型客户的心理弱点

1. 对专断型客户要服从

生活中，有的人办事缺乏主见，犹豫不决，唯唯诺诺；而有的人则是态度坚决，行事果断，甚至像一个统治者一样，喜欢独断专行，不愿意跟别人废话，也从来不听从别人的劝说。

在销售的过程中，独断专行的客户无疑是难以说服的客户，会使销售人员感到十分头疼。因为独断专行的客户总是有着自己的想法和主意，虽然他们会很快做出决定，但是前提必须是你的商品完全能够符合他的要求。而且在选购的过程中，这样的客户往往言辞简单，不会向销售人员透露太多的信息，而是更喜欢提出许多要求，比如“简单地说说你的意见让我听听”，“我觉得这个不合适，你能够帮我换一个更好的吗”。如果销售人员做得不好，那么客户基本会果断地选择离开。

专断型的客户总是以自我为中心，总是希望别人能够认同和欣赏自己，更希望别人能够按照自己的意志去行事。也正是基于此，销售人员在销售过程中更要善于变换主客关系，把客户转换到主人的位置上，让客户自己来评判和选择产品。譬如，销售人员可以说：“先生，我看您很有主见和判断力，所以您喜欢哪种款式，想必早已经心里有数了吧！”或者说：“您对我们的产品真是很有见地，我想可以完全由您自己来选择，我就不用再做介绍了。”这样的话就可以把客户推到主动的位置上来，让他自己说出自己的想法，既然是他自己所选择的商品，那么他自然不会再拒绝。但是假如销售人员未能读懂客户的心理，而是给客户做热情的介绍，客户反而会直接打断销售人员的陈述，或者干脆提出很多问题来故意刁难销售人员，以维护自己心中固有的看法，并极力排斥销售人员，从而使自己处于主导地位。

小郑是刚刚从学校毕业的学生，经过公司层层筛选及培训后，被公司分配到了客户王经理这里做汽车用品的分销工作。听公司的老员工讲，王经理属于很不好相处的那类人，被大家称为“刺头”。平时合作中，他提的要求最多，问的问题也最多，因此业务人员都不敢“碰”他。但小郑抱定“打不还手，骂不还口”的做法，相信自己一定能搞定。

第一天到客户王经理的公司，王经理告诉小郑第二天再去谈。

第二天上午，小郑来到王经理的办公室时，对方却劈头盖脸地说：“不是约你一早过来吗？看看现在已经几点了。”小郑红着脸没有说话，但是心里想：“看来这个客户工作还挺严谨的，以后得注意了。”接着王经理给小郑宣布了他们公司的一些规章制度，安排小郑先熟悉一下他们公司的环境，俨然把小郑当作自己的下属看待。

三天后，王经理安排小郑与业务人员一起去二级市场做市场调查，在市场中小郑发现了好多问题。在市场调查结束后，小郑迅速给王经理提出了解决方案。但是，王经理听了小郑的建议后说：“希望你把这些问题和建议用书面形式写出来，并且细化其解决方案，不要流于表面，解决问题才是关键。”

在这个案例中，王经理就是一个典型的独断专行型的客户。在案例中有两处表现：一是向小郑宣布自己公司的规章制度，小郑并不是他的员工，可是他却越权安排小郑的工作；二是小郑不是他的下属，但他却直接安排小郑去做市场调查，这也说明了这个客户的霸道。

一般来说，专断型的客户都是很有主见的，有时还会十分固执，对某种商品常常情有独钟，如果销售人员不能按照他的要求提供所需商品，那么就很难促成交易的成功。因此，作为销售人员要想了解客户的真实需求，就应该想办法让他们说出自己的意愿，进而从他透露的有效信息中，为其提供最为合适的商品。这样做不但满足了这类客户的表现欲望，又使自己也不会太过为难。

在这里，有一点尤其需要引起销售人员注意：专断型的客户尤其不喜欢销售人员的强势推销，当你越是热情地陈述该产品好，对方的疑心就会越重，交易就越难达成。

对于独断专行的人，我们最佳的合作态度是服从，因为他们有支配别人的习惯。对于这种客户，销售人员一定要有时间观念，约好什么时间谈工作就一定要准时赴约。在交谈中，思路要清晰明了，切忌拖泥带水，更不要闪烁其词或是词不达意。需要注意的是，不要和对方的观点对立或者在不恰当的时候提出反对意见，否则合作很容易失败。总之，销售人员要懂得满足对方的支配欲望，这样合作才能顺利进行。

与这种客户合作的重点在于减少与对方产生对立的机会，但是又要适当地坚持自己的立场。以下是3点应对方法。

（1）要有一套完整的企划案，立场坚定，思维严谨，办事不能拖拉，要让对方明白，合作是有益处的。

（2）在其要求合理的前提下，完成其提出的任务，满足其要求。

（3）适当地满足其控制欲，以便合作双方相处愉快。

2. 对随和型客户要热情

随和型客户性格温和，态度友善，当销售人员去向他介绍或者推销产品的时候，他们往往会比较配合，愿意听销售人员的“唠叨”，思维往往会被销售人员牵着走，即使销售人员表现得很不热情、很不积极，他们也能容忍，不会轻易发脾气。

随和型的人通常有这样的特征：在他们的办公室里，你会发现他在各地旅游时拍下的照片，办公桌前肯定有他家人的全家福或者他爱人、孩子的照片。

他们通常比较随和，乐于听取别人的意见及看法，有良好的沟通能力，给人以亲切的感觉，是很好的合作伙伴，相处起来十分容易。在工作中，他们很少与别人发生冲突，虽然性格可能有些敏感，但是发生问题的时候，他们会尽量减少摩擦，自己的真实想法也很少有机会透露。与这种类型的人相处会没有压力，但是他们在销售关系中却是最难成交的客户。

销售人员在与之沟通过程中，他们说得最多的话就是“好”，无论什么都以“好”作为结束语，唯一说“不”的时候就是不买产品的时候。他们购买产品或服务时会考虑很多因素，且不会对别人造成影响。他们经常会问：“这个产品容易操作吗？会不会影响别人？”

面对随和型的客户，想要顺利地推销出产品，一定要注意：每个人都有自己的购买特点，随和型的客户也不例外，了解其购买特点很重要。让这类客户购买产品需要有计划地进行，比如选择一个良好的时机，提供一份关于产品的所有资料并报出一个合理的价格。

另一个需要注意的是，你一定要了解对手的情况，因为随和型的客户或许会在你之前去不同的地方问价，如果你的产品不能比对手的产品更好，那么你获胜的可能性就会大减。

一般情况下，随和型的客户做出决定的时间会很长，所以销售人员不能太急，也不能给予否认或者怀疑，要把握分寸，适当地给予对方思考时间及引导，这样才能保证推销的成功进行。

还有一个很重要的方面就是随和型的客户不太喜欢变化，所以给他们应有的保证是很重要的。

B君是某工程设备公司驻某地的总代理，一次偶然的机会打听到一家公司需要几套他代理的设备，于是他当即便打电话询问了一下该公司的负责人员。

B君：“喂，是A总吗？我是××公司的B君，是某设备的总代理。听说贵公司正在寻求几套大型的××设备，我们公司正好有，如果您需要的话，我拜访一下您，您看方便吗？”

A总："哦，方便方便，我们正想多学一些这方面的知识呢！欢迎欢迎。"

（拜访时）

B君："您就是A总，久闻大名。"

A总："你就是B君呀！来来来，我们都是很随和的人，就直接向你请教了，由于这些设备是我们新上的，对于技术方面的知识知道得很少，你们来了，正好向你们请教些专业知识。"

B君："没问题，有问题您尽管提，我们一定竭尽所能帮助您。您尽管说吧……"

……

A总："不瞒你说，你已经是第三个卖家了，与其他卖家相比，你还是有优势的。看在你是本地人的份上，我们现在就保持联系，但是合作与否，还要看你们的质量。"

从此后B君与A总经常联系，B君中途还与之交谈了几次。就设备安装的问题，公司内部的技术人员也登门拜访了好几次，最终顺利地促成了这单生意的成交。

随和型的客户所期待的服务是要随时保持良好的沟通，他们希望得到的是一种被动的分享。因此在沟通的过程中要有非常大的耐心，他们决策的时间很长，因为他们对于问题的恐惧程度比较高，不喜欢承担风险，尤其不希望因为自己的原因而造成不应该有的损失。因此在与之合作时，要给予其保证，使其放心，这样才可能促使交易顺利完成。B君在做这单生意时，做到了及时沟通和主动联系，这对生意的最终促成起到了至关重要的作用。

随和型客户看起来性子比较慢，因此销售人员一般不能太过急躁地推销商品，而应该努力地配合客户的步调，慢慢地引导客户，用专业的商务语言给客户积极的建议，让客户了解到你的诚意，消除其心中的种种疑虑，最终水到渠成地促成交易。

随和型客户的缺点就在于做事缺乏主见，比较消极被动，在购买时总是犹豫不决，不容易做出决定。一旦别人给其施加压力，就会很快促成交易的成功。当然施加压力的方式方法一定要正确。譬如，销售人员要始终把主动权抓在自己的手里，用自信的言谈，给予客户积极的建议，并多多使用肯定性的语言加以鼓励，而且要多从客户的立场来讨论问题，在潜移默化中使客户做出决定，这样才是比较合适的做法。因为，随和型的客户虽然害怕受到压力，但是更不喜欢受到别人的强迫。作为销售人员要想说服这种类型的客户，最隐蔽而有效的方法就是消除客户的疑虑，用真诚来给客户制造压力，攻破客户的心理防线，使客户没有拒绝的理由。

3. 对虚荣型客户要赞美

有这样一类客户，和他们谈话时，他们很爱炫耀，因此销售人员只要听他们自夸就可以了，这种类型的客户属于虚荣型的客户。

这种类型的客户有一个最大的特点，就是心里藏不住东西，他们不会掩饰，有什么信息都会拿出来炫耀。因此，在与之合作时，只要你能巧妙地随时恭维他，那么合作基本会成功。

当与这一类客户初次见面寒暄过后，就要利用一切可以利用的机会展开恭维。如果是在客户家中，可以赞叹客户家居的设计风格独特，屋内的家具品位不凡等，还可以具体地谈某项事物，如客厅摆放的花如何雅致，颜色如何亮丽等。如果是在客户的办公室，就要夸赞其办公室的整体风格很让人赏心悦目以及客户的办公效率等，只要是能用上的赞美之词请尽量用上。

当然，这些都是生活中最常见的恭维话，也许你会觉得缺乏创意。事实的确是这样，专业的销售人员会把恭维的话语用巧妙的方式表达出来。他们不会直接恭维客户，但是有可能会在客户面前赞赏客户的接待人员。这样做的效果是，表面上你是在赞赏接待人员，其实你已经在背面恭维了你的客户，因为只有他们平时对下属管理有方，下属才会让客人满意，你恭维接待人员的同时也就意味着你的客户也被你恭维了。这样做还有一个意想不到的收获就是，接待人员同时也会对你报以热情的态度，因为你的赞美，有可能改变他们在老板心中的印象，也许在以后的推销进程中，他们会暗暗地帮你。

大多数客户或多或少会有一些虚荣之心。在推销过程中，有时会遇到这样的情况，在与客户沟通时，因为销售人员时不时说出一些赞美客户的话语，使得客户心情始终保持愉快，并对所谈的话题感兴趣，愿意继续交谈下去，这样做的结果是客户逐渐放松警惕及敌意，谈话的气氛一直是以轻松的状态进行下去的。

虚荣型的客户一般自尊心很强，比较好面子，由于天性骄傲，因此在与之合作时，只要适当地满足其虚荣心，推销即可成功。下面这个例子就是如何让虚荣型顾客满心欢喜从而不知不觉地购买产品的一个情景。

有一个销售业绩非常好的销售人员在谈及他的销售秘诀时说，他在和客户谈判时最喜欢谈客户引以为荣的事情，他说其实人人都喜欢听别人赞美自己，如果赞美运用得合理，客户心里肯定极为受用。越是自傲的人，越爱听别人夸自己，奉承这一招也就越有效。因此对于商人来说，说奉承话应该是很重要的一门功课。

一次，有一个成功的商人决定在自己的家乡捐造一所学校。这位销售人员想获得该学校座椅的生意，他在和这位商人见面时，先做了简单的自我介绍，紧接着一脸真诚并极其自然地说道："×先生，我在等着见您的时候，我细心地浏览了一下您的办公室，心想如果我能有这样的办公室，那该多好，我从来没有遇见过设计得如此巧妙合理的办公室。"

×先生听完高兴地说："这个办公室很漂亮是不是？这是我亲自设计的，室内的布局也是我一手安排的，当时确实花费了我一些心思。"这位销售人员一边仔细地听着，一边走过去用手摸摸壁板，说道：“这是英国橡木做的，对吗？和意大利橡木稍微有些不同。”

×先生回答：“嗯，那是从英国本土运来的橡木。我幸好也略懂一些木料方面的知识，这些材料都是我亲自挑选的。”

随后×先生领着这位销售人员参观他亲自设计的房间格局、装饰图案及墙壁的颜色等，当他们在室内赞美木工的手艺时，×先生走到窗前站住了脚，然后亲切地表明自己要捐造一所学校，用以回报社会，这位销售人员适时热忱地赞许了他这种慈善的举动。

这位销售人员从上午10点15分走进×先生的办公室，到中午的时候他们依旧亲切地交谈着。谈话的最终结果是这位销售人员拿到了全部桌椅的订单。

这位销售人员很聪明地把握了×先生的性格，他明白×先生喜欢被赞美，甚至有些虚荣，于是投其所好，尽情赞美，效果不言自明。

“每个人都喜欢被赞美，尤其是虚荣型的客户，对赞美的要求更高。赞美的话，别人听了舒服，自己的身份也不会因此受到损害，于人于己都有好处，何乐而不为呢？”这位销售人员说出了他业绩出色的秘密武器。

在日常生活当中，虚荣心体现在方方面面。特别是在消费中，客户的虚荣心理也会表现得很明显。比如，虽然自身的经济条件并不是很宽裕，但是在选购商品的时候还是倾向于选购比较高档的产品，并且在销售人员面前尽量表现得很富有。他们最不能容忍的就是别人说自己没有钱，买不起。如果销售人员对其表示出轻视的态度，其自尊心就会受到很大的伤害。这样的客户需要得到销售人员的夸奖，如果你夸奖他们有钱，那么他们就愿意在你这里消费得更多。

人人都有虚荣心，但是赞美别人时要适度，若是太多，就容易让客户产生不真实感，就会使客户对你的人格有所怀疑，从而对你产生戒备心理，赞美就会变得适得其反。因此赞美时要把握分寸，这样才能让客户满心欢喜。

每个人都喜欢被恭维，虚荣型的客户尤其如此，他们更注重自己的面子，因此销售人员在意识到这一点后就应当给足你的客户面子，多说一些恭维话，既能赢得客户，让他的自尊心得到满足，又能让他风风光光地把东西买走。

4. 对精明型客户要真诚

精明型的客户知识水平通常比较高，他们在选购商品的过程中一般表现得比较冷静沉着，对销售人员本人以及商品要求也比较苛刻。一旦销售人员出现什么差错或者漏洞，就将直接影响客户的购买决定。

精明型的客户不喜欢弄虚作假的销售人员，一般自我保护意识比较强，对产品质量要求也比较高，所以这种类型的人在整个购买过程中，都会时刻提醒自己要小心。他们对销售人员的观察也是非常仔细的，会注意销售人员的一举一动，以判断销售人员是否真诚，会不会捣鬼，直到自己没有什么疑虑的时候，才会最终决定购买。这样的动作无疑会给销售人员带来巨大的压力，让销售人员感觉非常不自在。因此，在精明型的客户面前，销售人员最好避免夸张地说话，不说不切实际的话，如果弄虚作假，夸大事实，一旦被客户发现，无疑会使自己处于非常不利的地位。

精明型的客户工作认真，处事谨慎，对细节问题把握得十分精确。销售人员在与之沟通时，他们通常会表现得小心翼翼，对销售人员的第一印象十分关注，如果你在初次与之交谈时留下不好的印象，那么将来的合作可能也会困难重重。此外，他们讨厌欺骗，哪怕是善意的谎言。精明型的客户包括“尽责型”和“执著型”两种类型，具体的销售方法应该因人而异。

"尽责型"客户的共同特征就是有很强的分析能力，做事很严谨，任何问题都逃不出他们的眼睛，经他们手的工作一般都是万无一失的，因为这样的特点，使得他们对人对事都很挑剔，他们不会轻易相信一个人。在所有客户中，这种类型的客户属于比较"难缠"的一种。当然问题总有解决的方法，对待这样的客户，要懂得分析他们的要求，在与之谈话时要保持真诚，使其具有安全感。

与这样的客户相处时，一切都要以一种井井有条的状态出现，尤其是对细节的把握方面更要注意。

从工作方面来讲，你的思路要清晰，方法要明确，态度要严谨。

从生活中来讲，你的着装必须得体，你的行为必须规范，最好不要有什么不良习惯。谈话时要冷静，切勿急躁，谈话内容要有条理，最好能有专门的笔记本，谈话的时候记录下对方的要求，让对方明白你是在认真倾听。

他们喜欢你对你所推销的产品作详细说明，以便了解到更多关于产品的信息。当然，在说明这些信息时，要保证真实性。

对于销售人员来说，这样的客户可能在前期属于比较难合作的对象，但是从长期来看，这类客户是最稳定的类型，一旦他们同意与你合作，那就代表他们相信你，你已经通过了审核。当然，在他们成为你的固定客户后，你也不能懈怠，因为他们善于观察，如果你有丝毫怠慢或者欺骗，那么合作很可能会被终止。

以上是"尽责型"客户的基本特征以及应对策略，这些同样适用于"执著型"的客户。当然，应对"执著型"的客户，还应该有些特别的技巧。

对于"执著型"的客户来说，道德规范很重要。与"尽责型"客户有相同的特征，"执著型"客户也生性稳重，做事仔细，工作态度严谨。不过他们更注重合作对象的道德水准。他们可以忍受对方在立场方面的瑕疵，但是，如果对方的道德水准过于低下，那么双方的合作就不可能了。与这样的客户合作时，一定要保持真诚的态度，要确保他们对你完全信任。需要提醒的是，在与这类人合作时，一定要清点一下自己的推销记录，如果曾经出现过某种问题，要及时弥补，若被这类客户发现，你的可信度会立即降低，合作的成功率也会大打折扣。这一类的客户还有一个很大的优点，就是很少买陌生人的东西，他们更愿意从有多年交往经历并十分信任的人那里买东西。

精明型的客户讨厌虚伪和做作，更容易接受真诚和坦率的销售人员。即使你的商品不是市场上最好的，但是如果你能够实事求是地向客户坦白，客户也会接受。这是客户心理的一个突破口，销售人员可以好好利用。

虽然精明型客户会很谨慎、很挑剔，看起来让人觉得难以接近和沟通，其实也不尽然。自我保护的心理谁都有，只要彼此真诚相待，双方的心理距离就会缩短，真诚和热心是消除隔阂的最好武器。销售人员面对精明型的客户，首先不要胆怯害怕，而是应该自信地、诚恳地去面对，对客户表现出足够的热情，并且在介绍商品时也是实事求是，不弄虚作假，用优质的服务、信得过的产品来征服客户，让对方无可挑剔。只要销售人员能够真正兑现承诺，客户大都能够由警惕转为信任了。

总的来说，与精明型客户的合作不能过于着急，也不要总是一味地“损人夸己”，对待工作要尽职尽责，给客户留下一个可靠的印象。最重要的是万事以规范为主，只要你做事的方法符合他们的规范要求，那就意味着你已经取得了他们的信任。

5. 对外向型客户要干练

外向型的人物性格和心理活动倾向于外部世界，经常对客观事物表现出关心和兴趣，不愿冥思苦想，常常需要别人来帮助自己，满足自己的情感需要。外向型性格的人常将自己的想法不加考虑地说出来，因此这类人比较心直口快、活泼开朗、善于交际，待人也热情、诚恳，与人交往随和、不拘小节。

销售人员与外向型的客户交流一般是比较容易的，和这样的人在一起，销售人员也不会感到压抑。当销售人员在给这样的客户介绍商品时，他会很乐意地听销售人员说明，并且会很积极地参与进来，发表自己的看法。

一般，外向型的客户是比较有主见的，他们能够迅速地作出判断，但其判断往往只限于善恶、敌我、是否有用等简单判断。对于事物的具体情况则较少顾及，不注意细微之处。在购买商品时也是这样。如果他喜欢就会很痛快地购买，不喜欢的话就会果断拒绝。在拒绝时也会直截了当，不给销售人员留任何面子。在面对这样的客户时，销售人员应该以比较外向的方式来与之交往，说话也要干脆利落，回答客户的问题时也要清楚准确，这样会使彼此之间产生志趣相投的感觉，从而拉近彼此之间的距离。

办公室的风格可以体现办公人员的个性特点，如果在一个客户的办公室里发现一些学位证书、获奖牌匾，还有装帧精美的其他证书之类的荣誉象征，那么你碰到的客户属于外向型的客户。

一位资深的销售人员在一个偶然的机会，去拜访一位民营企业的老总。在这个私企老总的办公室里，他看见墙上裱着一个非常精美的装饰品，仔细一看，原来是国内某著名大学工商管理硕士的学位证书。原来这位私企老板刚刚从这所著名大学的工商管理专业毕业。了解这一点后，他就开始盘算怎么和这位私企老总沟通了。

外向型客户的普遍特征是：他们的主观意识很强烈，爱以自我为中心，同他们握手时，你会很明显地感觉到其力度，他们的“口头禅”是“我认为”“我觉得”“我多年的经验”等。在与其沟通过程中，你会发现，他们说话的底气很足，音量很高，有时候你会感觉透不过气来，因为他们说话语速很快，而且经常会向你问一些问题，这些问题通常都很尖锐，当然，整个谈话的主动权大部分是掌握在这类人的手里，因为他们的控制欲很强。

外向型的客户对自己的衣着很讲究“质”，可能看起来很普通，实则十分考究，在其着装方面你挑不出来任何瑕疵，对于流行的服饰，这类人基本上不予考虑。

外向型的客户有很强的时间观念，对于时间的把握，他们甚至能精确到以分钟甚至是秒计算的程度，如果与这样的客户预约，你一定要做好准时赴约的准备，否则你会给这类客户留下一个没有时间观念的印象，从而会失去他们对你的信任。

外向型的客户最关心的问题是，你的产品能否帮助他们增加收入、减少投资回报的时间并获取最大的利益。你能否帮助他们完成工作业绩，是否可以助其“升职”。至于你产品的技术性能如何，你们服务的优异程度都不是他们主要考虑的内容，这类客户最大的要求是“高效”，说服他们最好的方式就是用事实证明一切，其他烦琐的解释都无济于事，那样只会被认为是“啰唆”。外向型的客户有很强的升职愿望，如果你推销的产品或服务能使其业绩得到提升，他们将会很乐意与你合作。

因此，与外向型的客户沟通时，话题的切入点最好放在其本人的工作经历和所获得的荣誉上面。这些人最爱挂在嘴边的事情就是他们为公司创造的价值，以及他们个人获得的成就。销售人员与之沟通时要注意把握时间，说话言简意赅，切中要点，因为外向型客户的时间观念很强，可谓惜时如金，所以不要浪费他们的时间，要就事论事，用最短的时间把最有用的信息传达给他们，闲聊只会让他们心生烦躁，而不利于合作。

此外，不要期望自己能够扭转这类人的看法或者观点，这类人通常很自信，对于别人的意见或者建议，他们不会轻易接受，除非你的论据够充分，他们才有可能做一些适当的改变。

还有一点需要注意的是，这类人决策速度相当快，一旦他就某项条款提出异议，请迅速做出最合理的解释，因为他们缺乏耐心，讨厌啰唆，你必须跟上他的脚步，及时地助其完成决策，那样推销才有可能取得成功。

但有一点值得注意的是，外向型的客户一般比较容易谈得来，但是谈的往往都是生意以外的事情，他也不喜欢销售人员一进门就滔滔不绝地介绍自己的产品如何优秀，如何畅销，如何适合自己，这样很容易引起客户的厌烦。虽然外向型的客户容易对外界事物产生兴趣，但是却也容易对同一个话题感到厌倦。所以销售人员不要抱住一个话题，说个没完没了，而是应该摸清客户的兴趣和意愿，顺着对方来说，引起他的关注，并巧妙地把自己推销的产品引入谈话当中，让你的客户在不知不觉中被吸引。

6. 对炫耀型客户要恭维

炫耀型的客户在购买中更加渴望的是得到心理的满足，希望通过购买来体现自身的价值、地位或者财富，这样的客户是经常能见到的。如果销售人员能够及时地给予必要的恭维，就会让客户获得心灵的愉悦，而购买商品就成了顺理成章的事情。

喜欢炫耀的人，总是要在别人面前努力地表现自己，证明自己是有才能的、有钱的、优秀的，以赢得别人的尊重和羡慕。其实这是自我心理的一种满足。这样的人在心理上往往缺乏安全感，自尊心过于强烈，而自我能力又比较有限，所以缺乏自信，往往认为自己在能力上不容易超越别人，害怕别人看不起自己，因而才在人前努力地表现。其实他们的吹嘘和自捧并没有什么恶意，只是获取心理满足的一种方式。表现在消费方面，就是不管买什么东西都讲究最好、最独特、最能体现身份，以此来炫耀自己有别于他人的身份，以引起别人的关注。他们做事大多讲排场、摆阔气、与别人攀比，并努力证明自己更强。

由于炫耀心理的影响，这些人在消费时会不顾价格的多少，即使是超过自己的经济承受能力，他们也会失去理性进行炫耀型消费。其购买的目的不是追求商品的实用价值，而是用消费行动来证明自己的财富或者权力，保持自己的尊荣。因为商品的价格具有很好的排他性，能够明显地体现出个人的收入水平。客户便是利用收入优势，通过高价消费这种方式，把自己与低层次的消费者区分开来，从而表现自己的尊贵。

虽然炫耀型消费是不值得提倡的，但是在实际生活中，很多人都怀有这样的心理，而奢华和高档商品在某种程度上，则能够体现出人们的身份或社会经济地位，让自己得到别人的羡慕和重视，得到心理的满足。

对于这样的客户，销售人员要善于对其进行积极的引导，可以向其推荐一些比较高档的商品，但是也不能为了赚钱而坑害消费者。在推销过程中，销售人员要善于给客户以心理上的满足，多对客户进行恭维，对别的客户说三句赞美的话就可以了，而对炫耀型的客户就需要说十句。说话时要顺着客户的意愿，不说伤害其自尊的话，也不要自作主张给其介绍廉价货，或者赠送小礼物，这些都会让客户觉得是看不起自己，导致客户拒绝购买。

杨阳是一家时尚服装店的销售人员，刚参加工作不久，但是她勤奋聪明，很快就精通了待人处世之道，而且她开朗外向，所以受到很多客户欢迎，每个月的业绩都很不错。

一天，店里来了一个年轻时尚的女孩，与杨阳年纪相仿。于是杨阳便主动地去招待她。可以看出这个女孩的经济条件不错，因为她的穿着打扮是那种比较高档的。于是杨阳直接把她引到高档服饰区，并给她介绍了几款新进的款式，年轻女孩也比较喜欢，觉得杨阳很懂自己的心思，于是就与她闲聊起来。从谈话中，杨阳了解到这个年轻女孩的工作很好，每月的收入不菲，也很能花钱。

杨阳了解到客户的心理以后，很真诚地夸赞她有眼光、有品位，年轻人就应该把自己打扮得时尚一点。年轻女孩很开心，一连试了好几件衣服。这时杨阳又给她介绍了一件高档的连衣裙，女孩试过以后感觉很好，杨阳边向她投去羡慕的眼光，边说："您穿上这件衣服真是漂亮极了，既高贵又时尚，更显身材苗条。"女孩听了别提多高兴了，自己的虚荣心得到了极大的满足，很爽快地就掏钱购买了。

在送女孩离开的时候，杨阳又开玩笑地指着旁边的一条新款的牛仔裤，对女孩说："小姐穿上这条新款的牛仔裤，肯定十分的酷，可以吸引不少人的眼球。"没想到女孩立马停了下来去看，试穿感觉很好，又把裤子买走了。

心理学家揭示，喜欢高消费的人追求的核心价值往往不是商品的实际使用效用，而是自我炫耀、自我满足的效用。案例中的年轻女孩就是用购买高档服饰来体现自己的高贵，得到别人的羡慕，获得某种心理的愉悦体验。

7. 对内敛型客户要体贴

内敛型的人大多性格比较封闭、不易接近，感情及思维活动更加倾向于心灵内部，感情也比较深沉，不善言辞，待人接物小心翼翼，害怕与陌生人接触，喜欢独处。反映在消费的过程当中，内敛型的客户总会精挑细选，甚至久久拿不定主意，这样就使销售人员的工作很难展开。特别是销售人员上门推销的时候，内向型的客户更会提高戒备心，时时处处小心，对销售人员态度冷淡，说话甚少，销售人员问一句，他答一句，不问就不答，致使交谈的氛围比较沉闷。

虽然内敛型客户少言寡语，表面上看似对销售人员及其推销的商品经常表现出满不在乎的神情，甚至在销售人员介绍商品时仍然不发表意见，其实他已经在认真倾听，并在心里琢磨商品的好坏。这样的客户其实是十分细心的，只是他们对于陌生人有一种天生的防御和警惕的本能，因此不会表现得十分热情，即使是对销售人员的观点表示赞同，也只会简单地回应一句，而不说太多的话。这种表象往往让销售人员感到十分的压抑，以为客户不愿意搭理自己，对自己的产品没有兴趣，从而认为交易没有希望，而主动放弃了推销。

内敛型的客户最大的一个特点就是任凭你口若悬河、引经据典地推介，他们依然气定神闲，无动于衷，仿佛在很认真地听你讲，但似乎又心有所想，这样的状态时常令销售人员不知所措。其实，内敛型的客户在听你讲述时，自己的心里正在具体分析你提供的信息。他们有自己的“小算盘”，只不过他们一时不能迅速整合销售人员提供的数据，因而思考的时间比较长，对你的讲述没有做出及时的反应，因此显得有些心不在焉。一旦这些客户分析完自己掌握的数据，认为自己足够了解了销售人员推销的产品时，合作的成功性就会很大。

针对内敛型的客户，推销专家建议在沟通过程中，讲话要富有条理性和专业性，要把合作的优点和缺点一一展示出来，提供的信息要尽量全面，要有耐心，并适时保持沉默，给客户以足够的思考时间进行决策。

“沉默是金”被美国商人当作生意中的“黄金法则”。商业往来中，聪明的美国人常常在适当的时候保持沉默，以一个倾听者的姿态出现，这样不仅给对方留下一个严谨工作的印象，更为合作者留下了合适的思考空间。

小王是某品牌电脑的销售人员。一天，一位先生来到店里看电脑。

柜台里的两名销售人员赶紧上前主动向他打招呼，并再三询问他需要什么样的机型。在这两名热情洋溢的销售人员的轮番轰炸之下，这位顾客明显有些窘迫不堪，他甚至涨红了脸，最后简单地说自己只是随便看看，在转了两圈之后，就准备离开了。

小王通过在远处的观察看出该客户是一个比较内向腼腆的客户，而且据他的判断，客户的心中肯定已经确定了某一品牌的电脑，只是因为款式或者价格等因素，或者是因为刚才店里销售人员的轮番轰炸，让他有些不知所措了。

这时，小王上前很友好地把那位先生请到自己的柜台前，对他说："先生，您是不是看上了某款电脑，觉得价格不合适，如果您确实喜欢，价格方面还可以给您适当的优惠，先到这边坐坐吧，这边比较安静！"那位客户很顺从地坐了下来。在聊了十几分钟后，那位先生明显对小王产生了信任感，于是便向他透露了自己的真实想法。小王按照客户的想法推荐了一款适合客户的机型，并且在价格上也比较实惠，最终促成了生意。

内敛型的客户嘴上不说，但是心里有数，他们往往不轻易发表意见，但是如果开口，所提的问题总是会切中要害，很实在也很尖锐，使销售人员难以应对。

实际上，内敛型的客户并不是冷若冰霜，难以沟通，而是在冷漠的神情之下掩盖着一颗火热的心。只要通过他的判断，觉得你比较诚恳，就会自然表达出十分的善意，等到彼此熟悉起来，他就会变得十分信任你、依赖你，甚至让你替他做决定。这种类型的客户一般在购买过一次你的产品后，如果觉得很好，就会有下次、再下次的交易。因此，对于销售人员而言，这样的客户适合与之建立比较稳定长久的关系，使彼此的合作一直持续下去。所以，对于销售人员而言要善于观察和分析客户，拉近彼此之间的距离。只要能够准确地把握住客户的类型，对症下药，问题就会得到很好的解决。

在推销活动中，大部分销售人员只知道用语言向客户描述产品，大部分的沟通活动是他们占主导，很少给客户以思考的时间，这样的推销方法并不适用于所有客户。面对内敛型的客户，有时候需要用一种“温柔的”态度面对他们，只需提供详尽的信息资料，然后适时地保持沉默，给客户和自己都留有思考和回旋的余地，合作会更容易达成。

8. 对犹豫不决型客户要引导

犹豫不决型客户在选购商品的时候总是会左比右比，左挑右选，在确定没有任何问题之后才会决定购买。这种类型的人在购买商品时最大的特点就是疑心较重，爱挑剔。

这类客户比较注重细节，他们比较理智，更加相信自己的判断，他们一般不会因为自己的好恶就决定买或不买，他们的决定是建立在对翔实的资料的分析和论证基础之上的。因此，在选购商品时，这种类型的客户总会慢条斯理，表现得十分谨慎和理智。

从穿着上来看，这种类型的客户普遍着装简单，比较传统，也很朴实。从外形上看，他们显得有些书生气，说话很少，但是很能切中要害，他们就像专家一样，处理问题时通常会精心地策划，他们的观察力十分敏锐，善于捕捉产品或者服务的任何一个微小的特征，同时会把产品的所有信息收集起来，进行分析。

对于他们来说，选择一项产品一定会尽可能地多联系几家供应商，货比三家，这是他们运用得最多的工作方法。

在日常工作中，他们喜欢把一切工作用书面的形式表现出来，口头的承诺通常很少被他们采用。

这类客户喜欢提问题。对于他们提出的问题，销售人员最好给予明确的答复，如果你试图回避一些问题，那么他们的疑惑将随之增大，合作成功的可能性也会随之变小。

对于犹豫不决型的客户来说，产品质量以及服务水平的高低、价格以及优惠活动是他们考虑最多的因素。

犹豫不决型的客户讲究事情的准确性，他们的分析能力和观察能力很强，因此掌握一定的数据对他们来说很重要。在与之合作时，应尽可能多地提供一些准确的资料。与标新立异型的客户相比，分析型的客户不喜欢攀比，即使他的朋友已经买了你的产品，你也不要以为他会买，他们购买产品往往要通过自己多次分析，其目的只是想要买到货真价实的东西，避免上当受骗，所以会很自信地审视一切。如果没有什么疑问，才会安心购买。因此，在面对客户审视的时候，销售人员没有必要感到窘迫，真诚地面对他，接受他的检查就是了。

与这样的客户打交道是一件非常困难的事情，有时候会被客户的挑剔弄得不知所措。因此，在与犹豫不决型客户交往的过程中，一定要严谨，讲究条理性，在细节上也要做到无可挑剔。如果销售人员过于大意，就容易失去客户的信任，甚至还会引起客户的厌烦。

有些销售人员在与客户沟通时，会发现一些客户表现出一副犹豫的样子，情绪时好时坏，销售人员已经把产品以及服务等各方面的信息介绍得很全面，对方也没有表示出多大的异议，可就是在签单的时间问题上一再拖延，总爱说“我再考虑考虑”，“我再问问别人”，“我回去再想一下”等，就是不能下定决心。这样的客户，我们称为犹豫不决型的客户。

遇到犹豫不决型的客户，你要学会用适度强迫的方法促成交易。对于整个交易过程，你要看成是一个引导的过程，但逼得要适度，要运用一定的方法，不能太急，但也不能太慢条斯理，你可以拿出自己之前准备好的正式合同：“×总，通过这么多次的沟通，你应该已经掌握了我们公司这款产品的所有信息，现在可以签单了吧？”说完，可以将合同递给他，这是最简单的逼迫方法。

面对犹豫不决型的客户，销售人员也要学会分析，并且通过客户的种种表现，自信地对他们做一番深入的分析，把握住客户的心理，从而采取适当的对策来俘获客户的心。一般来讲，对待这一类的客户，销售人员要认真倾听，并从他们的要求中获取信息。与客户交谈时，说话要注意逻辑，语速要慢，吐字要清晰，显示出比较严谨的推销风格。对客户也要作比较详细的产品说明，越详细越好。犹豫不决型客户喜欢听销售人员“唠叨”，他们会从销售人员介绍的细节中来获取有用的信息，以做分析判断。如果销售人员为图省事，对产品少作说明，甚至不作说明，反而会遭受客户的怀疑。

当然，现实中的情况会复杂一些，以下是一些经验丰富的销售人员提供的几个“逼单”方法。

（1）假定客户已经同意签约。犹豫不决型的客户通常有购买意向，但却总是不能下定决心购买产品。此时，你可以试着采取这个方法：强行主导客户的思维，并对其进行诱导，进而完成签约。比如，客户明白某产品肯定是有益于公司的发展的，但是由于知识的欠缺，他表现出犹豫不决的样子。此时，销售人员就可以抓住时机对客户说：“×总，您可以先做一下尝试，试一下效果，如果收效好了，再根据收益情况来决定是否继续订购使用我们的产品，这样做更保险一些。反正花费也不高，您觉得呢？”这样的建议实际上是把客户的思维直接引到销售人员这边了，此时客户考虑的问题就不是做不做的问题，而是怎样做才好，合作事实上已经达成。

（2）解除客户的疑虑。有些客户即便已经决定购买产品了，还是不会迅速签下订单，他们时常会在一些细节问题上琢磨，从而延误签单的时间。遇到这种情况时，销售人员应该迅速转变说服策略，询问客户相关问题，给予客户最为清晰的解答，一旦所有的问题都解决了，客户决定签单的时间也就到了。

（3）欲擒故纵。有些客户已经对你的产品表示出了兴趣，所有关于产品的细节问题也已经得到了满意的答复，可是本性使然，他就是拖拖拉拉不签单。此时销售人员不妨试试欲擒故纵这招。销售人员可以装作要走的样子，慢慢地收拾自己所有的东西，在收拾东西的这一小段时间内，这类客户可能就会下定决心签单。需要注意的是，这种方法要在适当的时间和场合才能运用，不然很容易被同行钻空子，从而导致机会白白流失。

9. 对独树一帜型客户要独特

每一个单独的客户作为一个单独的个体，都拥有其独特的性格、心理和气质。针对这种情况，销售人员在销售过程当中也不应该用同样的方式去对待所有的客户。应该针对不同客户的不同特点，在应对方法上要因人而异，随机应变，针对不同的客户选择有针对性的销售策略，从而对症下药，促成交易的顺利成交。

一般情况下，大部分客户的办公室都是干净整洁的，一进去就能感觉到浓重的工作氛围。但是，如果你走进这样的一个办公室：办公桌上乱糟糟的，你可以很轻易地看到大量的私人物品，各种文件或者纸片散放在桌子的各个角落里，办公室里甚至会有看起来很舒服的软皮沙发以及茶几等，那么你碰上的应该是独树一帜型的客户。

独树一帜型的客户通常衣着很随便，但是非常时尚，且能够从他们的衣着上看出潮流的影子。

与他们交谈时，他们会表现得朝气蓬勃，因为他们谈话时眉飞色舞，肢体语言相当丰富，当然谈话一般都是坐在沙发上进行的。

至于谈话的内容，大部分会离工作很远，他们喜欢抒发个人感想，对奇闻逸事以及一些新鲜时髦的话题高度关注。

他们的个性比较自由，个人想法比较多，喜欢广交朋友，是人际关系处理方面的高手。他们的行为不拘小节，所以迟到是司空见惯的事情。

与这类客户沟通时，你会发现，他们根本不会注意所推销产品本身的质量及特性，他们关心的问题是谁在用它，如果他的朋友或者是同行业的竞争者在用你的产品，那么，他很可能也会购买你的产品，因为这类客户往往会把这种购买活动当成是体现其地位以及身份的象征。要知道，很多标新立异型的客户在购买名表名车的时候，这些产品的使用功能往往会被忽略，他们注重的是这些产品是否可以体现其身份。

和标新立异型的客户谈判时，最重要的是你要有很好的口才，你要换一种沟通方式，话题一定要广泛，天文、地理、奇闻、逸事、时政、经济等都可以作为谈话的切入点。在谈话过程中，也要以轻松的方式进行沟通，如果条件许可，谈话可以在一个非正式的场合进行，比如咖啡厅、茶吧等。沟通时，如果你表现得口若悬河，对对方提出的话题给予肯定并加以补充，能够找到话题的“新鲜点”，让对方觉得你知识渊博，就可以引起他们对你潜在的崇拜，此时你适时地加入产品的介绍，那么他们将会对你的产品产生关注，合作成功的概率就会变得很大。需要注意的是，在介绍产品时一定要注意渲染，比如说某知名企业或某知名人士也用了这款产品之类的话语，这对交易的促成会有所帮助。

追求时尚是当今年轻人购物的主旋律，大多数的年轻客户都比较喜欢时尚、前卫的东西，他们有着敢于尝试的勇气，有着自己另类的信念和品位，他们是时代前沿的弄潮儿。这一类型的人一般在消费过程中，喜欢标新立异，喜欢让自己变得更加独特，在众人之中脱颖而出。因此，他们在购物的时候，总是喜欢比较另类、大多数人不曾购买的东西。这类客户大多拥有着较为强烈的好奇心，并乐于接受新事物。

标新立异型的客户，他们之所以购买那些比较另类的东西，一方面是自己的爱好和兴趣，另一方面则是一种追求独特的心理，他们希望得到别人的重视，希望通过不一样的服饰或者装扮而使自己显得与众不同。因此，销售人员在面对这种类型的客户时，要学会适当地予以认同，譬如说“小姐，您穿上这件衣服真有个性，有一种与众不同的感觉”，“您真有眼光，这件衣服是新货，您可是第一个购买的”。当喜欢标新立异的客户听到这样的话后，心里一定会很高兴。

有一位年轻的女士来到服装店准备给自己选购一款比较合适的风衣。她边走边看，终于在一件设计比较时尚、个性的风衣面前停下了脚步。销售人员见状就走上前对她说：“小姐，喜欢的话可以试穿一下，我看您的身材比较高挑，这件衣服一定可以显出您优美的身材。”

这位年轻的女士挑了一件试了试，脸上露出了满意的笑容，并询问销售人员衣服的价格。销售人员回答说：“1080元，而且因为店庆的原因，如果您现在购买的话还可以给您打九五折，我看这件衣服特别适合您，建议您购买一件吧！”年轻的女士很爽快地回答说：“好的，这件衣服我要了！”

销售人员见生意谈成，心情也是非常高兴，她边包衣服边恭维地说：“小姐您真是太有眼力了，很多人都喜欢这种款式的。”

“哦？是吗？”那位小姐听了这话以后，沉默了一会儿，然后微笑着对销售人员说，“不好意思，我想我还是不要了吧！”

那么，到底是什么原因让销售人员到手的生意瞬间告吹了呢？究其原因就是因为她没有弄清楚客户的类型而说错了话。很明显，在上面那个案例中的女士属于独树一帜型的顾客，穿着讲究与众不同，这种类型的顾客最为不能容忍的就是和其他人穿着一模一样的服装。试想面对着这样的顾客，销售人员最后的那句恭维话怎么不能使生意泡汤呢?

所以，销售人员在推销过程当中，要善于从客户的言谈举止中发现其心理倾向，然后再针对其心理态势寻找突破口，使客户满意你的产品和服务，否则很可能因为一句错误的推销语言而使生意泡汤。反之，当客户在购买时获得他人的注意和销售人员的认同，就会感到愉悦，也就比较容易接受销售人员的意见了。

10. 对墨守成规型客户要实用

墨守成规型的客户一般都比较保守，这种类型的人在生活中不论做什么事情都比较有规律，讲究条理，不随便改变。而在消费观念上，墨守成规型的客户则总是喜欢在同一家商店购买商品，认准一个牌子的东西一直用，对其他的商店或者品牌则没有太大的兴趣。他们往往总是被一些先入为主的观念所左右，而一旦形成固定的印象就很难改变。这样的客户是最难说服的，往往销售人员费了很大的气力，但最终的结果并不一定很好。

墨守成规型的客户一般思维都比较保守，性格也比较沉稳，不易接受新事物。在生活中，墨守成规型的人总是循规蹈矩，喜欢用一些条条框框来约束自己的行为，他们做事往往表现得很细心很沉稳，善于倾听，更善于分析，眼光也比较挑剔，在选购商品时更加注重安全、品质和价格。他们会对商品做出理智的分析和判断，只有当他们确认产品适合自己长期使用才会决定最终购买。

墨守成规型的客户更易接受物美价廉的商品，他们追求产品的优等质量，同时也希望价格比较合适，他们一般不会对太过高档的商品产生兴趣。因为在他们看来太过高档、不实用的消费都是奢靡的，不值得提倡的。基于此，这一类型的客户接受新产品的过程也是比较缓慢的，他们需要对产品的质量以及其他多方面的因素进行综合考虑和检验。只有当他们最终确认产品是实惠的、安全的才会最终选购该产品。所以销售人员在面对这样的客户的时候，必须要拿出足够的耐心，急于求成只会让客户产生怀疑，使其本身所固守的心理更加强烈。

小王是一个负责推销某品牌洗衣机的销售人员。一日，他来到一个客户的家里做推销，接待他的是一位带着明显警惕表情的中年妇女。

小王一边和客户谈着，一边观察客户家里的家具陈设，他发现客户家中的摆设整齐而大方，虽然有些家具牌子已经比较老了，但是很明显质量还是非常不错的，整个房间有着一种强烈的古朴味道，而且家电陈设方面基本上都是同一个品牌。此外，结合这个中年妇女的言谈，小王基本可以断定女主人是一个生活作风颇为保守的人，她对于产品的要求更加注重质量，其消费观念虽然不是很时尚、前卫，但是也比较注重生活品质。

在获得了这些比较直观的印象之后，小王心中便有底了。他首先找了个话题，谈及了女主人家的家电，说女主人有眼光，选的产品质量好，价格又适中，而且也很符合家庭布局的格调。无疑女主人听了十分开心，在言谈中还透露出一些自豪感，她说当时全部家电都是由她来负责选购的，而且丈夫也很满意，不仅质量好，还省下了一大笔钱。于是小王趁机夸赞女主人能干，有主见，并且顺便把谈话的主体转移到了自己所推销的洗衣机上，说女主人忙家务一定很累，而自己推销的洗衣机则可以给她带来很多方便，保证她的丈夫也会喜欢。接着他自然而然地把自己推销的洗衣机的性能、价位、售后服务等信息详细地向女主人做了说明。当女主人通过对比发现这款洗衣机确实适合自己时，便对产品产生了浓厚的兴趣。小王还不失时机地对女主人说，他所推销的洗衣机质量的确很好，而且还可以首先试用一周，这样又给客户吃了一颗定心丸。

后来女主人试用以后感觉非常满意，甚至很干脆地购买了两台洗衣机，一台自己用，一台送给了婆婆。

墨守成规型的客户总会对自己之前使用的产品情有独钟，要想让他们接受新的产品是比较困难的事情。但他们喜欢更加安全、更加实用、更加优质的产品，这是一个很好的突破口，销售人员要让客户在实际的对比中，发现新产品有更好的性能，这样就会慢慢地改变客户的观念，让他接受你的商品了。对于销售人员而言，只要能够给客户澄清其中的利害关系，并且能够提供物美价廉的商品，还是可以很轻易地打动客户的心的。

在实践当中，许多销售人员采用以闲聊的形式展开交谈，讨论一些与销售本身关系不大的话题，比如业余爱好、体育活动等，这种方式称为“暖场”。实践证明，在闲聊中潜在客户可能更易放开，更容易解除戒备之心，会更多透露出有关自己和公司的情况。闲聊中客户会表达出对产品或服务的质量、价格等的期望与要求。通常情况下，“暖场”的常见方法有消除陌生的话题，比如客户的个人爱好；对潜在客户的工厂布局、办公室布局等赞赏；讨论有关行业发展的趋势以及顺理成章的其他话题，比如汽车、竞技比赛等。

有一天，销售人员张某自信满满地走进预约好的客户赵经理的办公室里，见到赵经理后很礼貌地握了握手并问候：“赵经理，最近还好吧？看昨天的球赛了吗，×队表现真差。”客户赵经理看起来一脸茫然，但是并没有说什么。

因为是来谈业务的，张某为了和赵经理套近乎，就开始询问赵经理有关家庭的问题。为了不冷场，张某从头至尾滔滔不绝，从天气谈到爱好，再从爱好转到自己推销的产品上。在双方沟通的大部分时间里都是张某讲话，赵经理面无表情地坐着，只是时不时地随声附和一下，也没有表示出对产品的兴趣。最后，这次谈话草草收场，双方明显地感觉到了谈话的失败，甚至连联系方式都没有留下。回到公司以后，张某开始抱怨，说今天见面的这个客户这么刻板，一点合作的诚意都没有。与此同时，客户赵经理心里也在抱怨，这个张某就知道说些无关紧要的东西，怎么不多花些时间在有用的东西上面呢？

事实上，最好的销售武器就是实用，这种推销方法不仅省时省力，而且降低了成本，是个不可多得的销售方法。在以上案例中，张某与赵经理谈话的失败，是因为他没有准确把握赵经理的个性特点。对于墨守成规型的客户来说，滔滔不绝并不是一种良好的沟通方式，而最好的说服方式就是以事实说话，你的产品得到了客户的认可，客户很信赖你，那么和你签单也就是自然而然的事情了。在得到墨守成规型的客户认可后，就要明白这类客户需要什么样的产品：他们需要实用的东西。这类客户通常不愿意尝试新的东西，但是如果你能够让他意识到你的产品对他们有用，那么恭喜你，合作可以开始了，你的推销很有可能取得成功。

11. 对分析型客户要重视细节

客户之所以爱分析，最终还是想要买到实用的、完美的产品，使自己得到实惠，他们比较注重安全感，追求一种放心的结果。只有当他们的疑虑全部化解的时候，才会接受产品。销售人员在面对这样的客户时一定要注重细节，以务实的态度对待，自然就会赢得客户的信赖。

分析型客户在做事时一定会经过认真的分析，比较注意事实和数据，追求准确度和真实度。如果销售人员约见这样的客户，他们要求的时间一般都是很精确的，在他们的头脑中一般没有模糊的时间概念，他们不说“午饭以后到”，而是说“12点30分到”。此外，这类客户在具体的数量和价格上，也要求得比较精确，他们不喜欢模棱两可的概念。

面对这样的客户，销售人员也要学会分析，通过客户的种种表现，仔细地对他们做一番深入的分析，把握住客户的心理，从而采取适当的对策来俘获客户的心。一般地，针对这样的客户，销售人员要认真倾听，并从他们的要求中获取信息。与客户交谈时，说话要注意逻辑，语速要慢，吐字要清晰，显示出比较严谨的推销风格。对客户要作详细的产品说明，越详细越好。分析型客户喜欢听销售人员进行全面的介绍，他们会从销售人员介绍的细节中来获取有效的信息，以做分析判断。如果销售人员为求省事，对产品少作说明，甚至不作说明，反而会遭受客户的怀疑。

分析型客户比较注重细节，他们比较理智，更相信自己的判断，不会因为一时兴起就决定买或不买，他们的决定是建立在对翔实的资料的分析和论证基础上的。因此，在选购商品时，分析型客户总会慢条斯理，表现得十分谨慎和理智。

与这样的客户打交道是很困难的事，有时候会被客户的挑剔弄得不知所措。因此，在与分析型客户交往的过程中，一定要严谨，讲究条理性，在细节上也要做到无可挑剔。如果销售人员过于大意，粗枝大叶，含含糊糊，条理不清，言语不准，根本就无法赢得客户的信任，甚至还会引起客户的厌烦。

在与分析型客户见面的时候，一定要给客户留下一个好的印象，介绍商品时尽量详细，并要仔细询问客户的需求，适时地做些记录，说话不夸张，不撒谎，也不能强迫客户购买，因为这样的客户往往很有主见，并且追求完美，有着自己的行为信条，不愿意受人左右。所以，销售人员要注重细节，避免引起客户的反感。

小肖是做防盗门推销工作的，一次他打电话约见一位客户，电话中他对客户说9点左右到，而客户却显出不悦的语气，要求小肖9点20分准时到，并带上详细的资料。电话中小肖感到客户要求比较严格，是一个难以应对的客户。所以需要自己做好比较全面的准备。

有了一定的心理准备，小肖到了客户的家里并没有太多的紧张。本来想和客户开个玩笑，以缓和气氛，但是看见客户严肃的表情，觉得有些不合适。在向客户作产品介绍的时候，小肖说得特别详细。在客户询问时也回答得比较有条理，还把客户的意见用小本记了下来。这一点让客户很满意，觉得小肖是一个细心稳重的人。

在交谈中，小肖发现客户对于一些关于产品的数据很感兴趣，于是他就给客户提供了一份产品的市场调查报告，使他了解自己产品的真实销量，这一点小肖很自信，因为防盗门的销量确实很好，对客户也很有说服力。通过一系列的细节的考察，客户对于小肖的防盗门是比较满意的。最后客户决定要买，就等谈价格了。小肖也了解到客户是一个善于分析的人，对数字比较敏感，所以在说价格的时候，说得很精确，以一定的优惠来吸引客户，也让客户觉得合理，最终顺利成交。

在小肖推销的过程中，他都是随着客户步调进行的，并逐步摸清了客户的心理，投其所好，营造了一个井然有序、按部就班的氛围，而这正是分析型的客户所喜欢的。小肖用具体的数据打动了客户的心，让客户对小肖的介绍无可挑剔。

总之，分析型的客户考虑比较周全，那么销售人员就应该做到更加周全，只要能在细节上让客户心服口服，交易自然就会成功。

第六章

销售中常用的心理学“诡计”

1. “拒绝”客户也是一种手段

几乎所有人都有过这样的经历，当面对拒绝时，难免会产生一定的逆反心理，如果能够合理地利用人们的这种心理，就会很容易改变某些人的决策。

如果在一个房间的墙壁上贴上“不准进入”的纸条，也许会有更多的人想进到房间里看看究竟。同样，在推销活动中，如果销售人员适时地告诉客户“我不卖”，那么客户购买的欲望也许会更大。

碰到态度较差的客户时，销售人员有时可以试着态度强硬一些。作为销售人员，也有选择客户的权利。销售人员应该学会说“不”，推销产品是我们的工作，这份工作也是需要尊重和理解的。

有些客户在要求高质量的基础上，还希望能有很低的价格。销售人员此时要做的就是，告诉客户你的产品价高是因为有质量保证。如果对方还是坚持更低的价格，那么就直接告诉他，这样的价格让自己和公司毫无利润，希望下次能有机会合作。

销售员小肖自从做销售这一行以来，销售业绩一直很好，甚至在很多时候，别人卖不出的产品，她都能很顺利地推销出去。在被问到为什么能这么容易地完成销售时，她说了这样一段话：“事情其实说起来也没有那么难，在推销过程中，合作的双方地位应该是平等的，很多销售人员都把自己的地位降得很低，面对客户就是服从、服从，再服从，他们从来都没有想过，单纯地让客户买你的产品，大多数客户就会产生‘逆反心理’，这样的推销方式肯定不行。你只有站在平等的基础上，介绍给客户一个合理的价格时，适时地传达出‘超过这个价格范围我就不卖’的意思，那么客户的逆反心理就会被矫正过来，对于产品，他们可能就会欣然接受。”

从这位销售人员的话里我们不难看出，适当地向客户传达“我不卖”的信息是很重要的，当大多数的销售人员普遍说“是”的时候，由于你给客户留下的这种特异的印象，你被选择的可能性也许会更大。

比如在谈判过程中，销售人员一定要学会适当使用“拒绝”。只要运用得当，无疑会对你的销售工作起到良好的促进作用。

孙浩是一家建筑公司的业务员。他最近接手了一项非常大的工程项目的谈判工作，公司的谈判价格是8.6万元，而业主给出的价格是7.5万元。经过一段时间的谈判，业主提高到了8万元，但公司的价格底线是8.4万元。这该怎么办呢?

这时候，孙浩站起来对谈判做了总结性发言说：“好吧，我想谈判不应该就这么完了，我们在价格上都花了这么长时间了，并且我们的价格已经非常接近，双方都能接受，如果因为0.4万元的分歧使谈判破裂那是我们双方的耻辱。”

对方显然心动了，最终，他们说：“那我们折中怎么样？”

孙浩显得有些迟疑，说道：“折中，什么意思？我要8.4万元，你给8万元，你说你会涨到8.2万元，我听见的是这个意思吗？”

“是的，”对方说，“如果你能降到8.2万元，我们就成交。”

孙浩又说：“8.2万元听起来比8万元更合适一些，跟你说，我得同上级领导商量一下，看看他们的意见如何。我会告诉他们你给到了8.2万元，看看我们能不能成交。我明天给你回话。”

第二天孙浩对他们说：“哦，我的老板态度强硬！我本来相信自己能让他们接受8.2万元的，但我昨天晚上花了两个小时——又过了一遍数据，他们坚持说如果比8.4万元少一分钱，我们就会亏本。但庆幸的是我们只有0.2万元的分歧。”

最终，这单生意以8.4万元的价格成交了。

销售人员如果在销售的过程当中适当运用“威胁”的策略，促使对方做出促成生意成交的方案，那样反而对谈判更为有利。但销售人员一定要切记：谈判的本质就是要让对方感觉是他们赢了。

2. 视顾客的拒绝为成交机会

作为一名专业的销售人员，一定要有这样的一个心态：异议是销售的真正开端。如果客户连异议都没有就购买产品，那销售人员的价值还怎么体现呢？实际上，任何产品都有不足之处，都不可能完美，客户肯定会对它有一定的异议，这一点销售人员也是必须要有所认知的。

你曾遇到过客户直接跟你说“不”吗？你迟早都会遇到的，先思考一下这个问题，以便当你被拒绝时，不会太震惊。通常你会听到一些柔性的拒绝，比如“您的产品都非常好，但我还是不能要”。在这些场合中，学习超级销售人员所使用的成交法吧，为了增加你的订单，仔细地学习它。你可以说：某某先生，在这个世界上有很多销售人员在推销很多产品，他们都有很具说服力的理由来劝你为他们的产品和服务投资，对吧？当然，某某先生，您可以向任何一位或全部的推销员说“不”，但是，在我的行业（说出你的产品和服务），我是一个专业人员，我的经验告诉我一个无法抗拒的事实，没有人可以对我的产品说“不”。当他对我的产品说“不”，事实上，他在对他自己未来的幸福、快乐和财富说“不”……

对一位有经验的销售人员而言，异议既是销售工作中的一个障碍，也是一个积极的因素。

作为一名销售人员，在向客户推销商品时，遭到拒绝是非常正常的事。这个时候，你将如何做呢？是选择放弃呢，还是把拒绝当成成交的机会？

很多销售人员都会这样想：客户都已经直接拒绝我了，他已经不要我的商品了，我还有什么办法呢？可是，销售人员在推销商品时，得到的大多数都是拒绝，谁会无缘无故地去相信一个陌生人的商品呢？但是，那些优秀的销售人员却有着完全不同的思维，他们在推销商品时也经常遭到客户的拒绝，可是他们绝不会自怨自艾，也不会悲观失望，在他们眼里，客户的每一次拒绝都是一次机会。因为客户的拒绝都有理由，他也许嫌商品贵，也许对商品不够信任，也许抱怨商品没有售后服务等。那么你解决客户的问题不就万事大吉了吗？

在这个世界上，没有解决不了的问题，所有的问题都有解决的方法，就像人们常说的那样，"方法总比问题多"。当你想办法把客户的问题都解决掉的时候，他还有什么理由不买你的商品呢？把客户的拒绝视为成交的机会，这就是优秀的销售人员之所以优秀的秘诀。

王涛大学毕业后，找了一份销售的工作，负责推销文具。可是每次他向客户销售时，客户的回答就只有一句话："我不需要。"为此，他非常苦恼，不知道自己该怎么办才好。

无奈，他只好向那些表现突出的同行请教。同行说："首先你要找对客户啊！比如，你销售文具就只能找那些有学生的家庭或文化单位的人，他们才有可能需要。"王涛叹了一口气，说："我找的就是这些人啊！可是人家都说不需要。"同行笑着说："他们拒绝你，你就离开了？"王涛吃惊地说："不然，我还能怎么样？"同行说："你至少可以问问他为什么拒绝买你的商品吧！"王涛说："问了之后，怎么办呢？"同行笑道："知道他拒绝的理由，你的销售就已经成功了一半。知道了问题的所在，剩下来解决问题就行了。他如果嫌产品贵，你就应该努力让他相信这是物有所值。他如果不信任产品的质量，你可以告诉他如果在一年之内出了问题，你把钱原封不动地退给他。如果他拒绝你的理由都一一排除了，他还有什么理由不买你的商品呢？”王涛惊讶地说：“你的销售成绩那么好，难道你也经常被客户拒绝吗？”同行笑了一下，说：“你以为呢？我并不是一个运气好的人，我只是一个会把拒绝当成机会的人。”

这番谈话让王涛深受启发，原来在销售中，拒绝并不只是拒绝，而是机会。他抱着这种想法再次敲开了一个客户的门。客户的第一句话仍然是：“我不需要。”王涛并没有像以前一样直接走掉，而是微笑着问：“我可以问一下你为什么不需要吗？据我所知，你有一个上初中的儿子，我想他应该是需要文具的。”客户说：“他有文具。”王强说：“哦，可是我们的产品特别好用，很多用过的人都这么反映。”客户说：“卖东西的当然会说自己的东西好了，我怎么知道你的产品好用呢？”王涛说：“你用一下就知道了，我想你一定可以辨别好用和不好用的。”客户用了一下，感觉王涛的文具质量不错，就购买了一些。王涛终于找到了销售的窍门。

销售人员在遭到拒绝后，一定不要气馁，不要放弃，如果你选择了放弃，那么你就是自己放弃了成功的机会。你要明白，客户拒绝你是正常的，不拒绝你才不正常，在你去推销时，就要做好充分的心理准备，准备接受客户的拒绝。可是，你更应该明白，在拒绝的背后蕴藏着无限的商机，有拒绝才有销售。找到客户拒绝你的理由，然后将理由排除，化拒绝为接受，化危机为转机，这是一个优秀销售人员必须具备的素质。

善于挑战拒绝的推销高手们大都坚守两个原则：

（1）切断逃路和退路，彻底打消顾虑。避免跌入情绪低谷而萎靡不振，销售人员要时刻有这样的心理准备：今天的拒绝意味着明天的成功。失败之后要回过头来好好想一想，总结一下经验，为什么会失败，为什么会遭到拒绝，然后再找出对付拒绝的办法，下次再遇到类似的情况就会胸有成竹。吃一堑，长一智。久而久之，遇到的拒绝就会相对减少，成功率就会相对提高。

（2）以钢铁般的意志勇往直前。作为销售人员，应该体谅顾客的这种拒绝心理。销售人员面对的顾客大部分是陌生人，双方互不熟悉，必然存在着一种对抗和排斥心理。而且销售人员上门去推销商品，也许人家一家人正在其乐融融地看着电视或工作人员正在开会，一位陌生人突然打断了这份宁静和工作程序，一定会激起顾客的反感，那么，不友好的语气和生硬的拒绝就不是不可以理解的了。但是，当销售人员遇到拒绝时，一定要首先保持良好的心态，要理解顾客的拒绝心理，并通过友好的聊天等方式解除顾客潜意识中的排他心理，并诚恳介绍自己的商品，直到客户相信为止。

3. 用微笑征服你的客户

微笑能建立信任。纵观历史，在任何时代、任何地区、任何民族中，微笑都是表达友好意愿的信号。

作为销售人员，请不要吝啬你的笑容，美丽的笑容会使人心里感到温暖。接待顾客也如此，推销时微笑表明你对客户交谈抱有积极的期望。笑脸相迎，即使理由不充分也会得到对方的好感。

富兰克林·贝特格是圣路易红雀棒球队的三垒手，退役以后成为了全美国最成功的保险推销人士之一。他说，他好多年前就发现，一个面带微笑的人永远受欢迎。因此，在进入别人的办公室之前，他总是停下来片刻，想想他必须感激的许多事情，绽开一个大大的、宽阔的、真诚的微笑，然后当微笑正从他脸上消失的刹那，走进去。这种简单的技巧，与他推销保险如此成功有很大的关系。

世界一流销售大师原一平总结出了笑容的六大好处。

（1）笑容可以轻易除去两人之间厚厚的墙壁，使双方的心扉打开。

（2）笑容是传达爱意给对方的捷径。

（3）笑容具有传染性。所以，你的笑会引发对方的笑或是快感，你的笑容越纯真、美丽，对方的快感也越大。

（4）笑容会消除自己的自卑感，且能补己不足。

（5）将多种笑容拥为己有，就能洞悉对方的心理状态。

（6）类似婴儿的笑容最能诱人。

用微笑去对待每一个人，那么你就能成为最受欢迎的人。

笑脸是美的和令人喜欢的，销售人员的笑脸即使不那么迷人也不要紧，要大胆地笑。如同婴儿般的微笑可以通过训练获得，可以对着镜子练，同时在与人打招呼时要养成笑嘻嘻的习惯，一笑心情就放松了。平时你可以把周围的人当成顾客练习笑，并不断地积累经验，这样，当遇到真正的顾客时你就会自然地把笑容带出来。而这种自然、真诚、纯净的笑容才是真正动人心扉的笑容。

事实上，你的客户需要微笑，客户希望看到销售人员是积极的、拥有自信的，只有这样，客户心情才能放松；客户放松了心情，推销双方的距离才能拉近，客户才愿意与销售人员进一步交谈，合作才能成为可能的事情。

在一次大型的汽艇展示活动中，很多客户都在参观汽艇模型。在这次展会中有一位异国的石油富翁对一艘大船表现出了很大的兴趣，他对那艘船的销售人员说："这艘船多少钱？"那位销售人员面对着这个很有实力的客户，面无表情地告知了其价格，富翁虽然对这艘船很感兴趣，但是看着销售人员"平静"的脸，他悻悻地走开了。

当他走到下一艘展示船面前时，对面的销售人员脸上挂着灿烂的微笑向他打招呼，销售人员脸上一直保持的微笑使得富翁顿时轻松了许多，于是他再次问了一句："这艘船多少钱？"

销售人员仍然面带阳光般的微笑告知了客户船的具体价格，并且说："请您先参观一下这艘船。"就这么简单，销售人员先用微笑打动了客户，然后再推销自己的产品。石油富翁参观了游艇之后满意地签下了一张订购单，并且很开心地对销售人员说，他很喜欢别人时刻微笑的样子，因为别人向他微笑就表示他被人们所喜欢，而他也很享受这种感觉。

毫无疑问，微笑带来了许多方便。带着一种轻松愉悦的心情去同一些满腹牢骚的人交谈，一面微笑，一面恭听。过去很讨人厌的家伙，变成了一个受人欢迎的人；过去很棘手的问题，现在变得容易解决了。也许你以前同别人相处很难，现在可完全相反，你学会了赞美、赏识他人，努力使自己用别人的观点看事物。从此你就会快乐、富有，拥有友谊与幸福。

那么，怎样才能让自己由衷地绽露笑容呢？

热情是最具感染力的一种感情。有调查显示，在成功销售的案例中，95%以上都是因为有热情的存在。销售人员在工作中要充满热情，这样你的工作就可以顺利地完成，同时也会取得骄人的业绩。相反，如果以低落的情绪应对工作，就会如同失水的蔬菜，毫无生机可言。

热情是销售的原动力，销售人员拥有动力和热情，推销才可能成功，没有哪一位客户希望见到死气沉沉的销售人员。无论是短期零售促销员，还是收入不菲的营销人员，都要拿出100%的热情来对待你的客户。

热情是最能感化人心灵的一种情感，在对待客户时要满腔热情。热情的服务能够让客户感到亲切自然，从而在心灵上缩短双方的距离，创造出融洽的思想情感交流氛围。相反，要是用一张"苦瓜脸"再搭配一双"丹凤眼"和冷冰冰的话语应对客户，相信没有客户会喜欢那种爱理不理的态度，交易自然就不能够成功了。

要让自己拥有发自内心的微笑，唯一的方法就是你要让自己愉快。如果你的心情很糟，没办法微笑，那么你要强迫自己微笑起来。

4. 讨价还价的策略

销售谈判其实也是一场没有硝烟的战争，谈判桌上虽然没有战场上的刀光剑影或枪林弹雨，但也是互相交锋，争斗激烈。谈判过程中有时需要打持久战；有时需要打速决战；有时需要打游击战。能否在谈判中取得预期目标，就要看销售人员的经验与智慧了。以退为进是谈判桌上常用的一种制胜策略和技巧，销售新人应根据实际谈判情况灵活掌握。

在提议成交之后，一定会有客户作出拖延购买的决定，因为所有的客户都知道这些技巧。他们肯定会常常说出“我会考虑一下”，“我们要搁置一下”，“我们不会马上做决定”，“让我想一想”诸如此类的话语。如果你真的听到你的客户说出了这样的话，这个客户已经是你的了。如果你已经掌握了这个技巧的话，你可以说：某某先生，很明显地你不会说你要考虑一下，除非对我们的产品真的感到有兴趣，对吗？说完这句话后，你一定要记得给你的客户留下时间作出反应，因为他们作出的反应通常都会为你的下一句话起很大的辅助作用。他们通常都会说：你说得对，我们确实有兴趣，我们会考虑一下的。接下来，你应该确认他们真的会考虑，某某先生，既然你真的有兴趣，那么我可以假设你会很认真地考虑我们的产品对吗？（注意，“考虑”二字一定要慢慢地说出来，并且要以强调的语气说出）。他们会怎么说呢？因为你一副要离开的样子，你放心，他们会回答的。此时，你应该跟他说：某某先生，你这样说不是要赶我走吧？我的意思是你说要考虑一下不是只为了要躲开我吧！说这句话的时候，你得表现出明白他们在耍什么花招的样子，在他们作出反应之后，你一定要弄清楚并更有力地推他们一把。你可以问他：某某先生。我刚才到底是漏讲了什么或是哪里没有解释清楚，导致你说你要考虑一下呢？是我公司的形象吗？一直到最后，你问他：某某先生，讲正经的，有没有可能会是钱的问题呢？如果对方确定真的是钱的问题之后，你已经打破了“我会考虑一下”的定律。而此时如果你能处理得很好，就能把生意做成，因此你必须要好好地处理。询问客户除了金钱之外，是否还有其他事情不好确定。但如果客户不确定是否真的要买，那就不要急着因为金钱的问题而结束这次交易，即使这对客户来说是一个明智的决定。如果他们不想买，他们怎么会在乎它值多少钱呢？

某画廊曾经发生了这样一件事：画商看中了一位画家带来的三幅画，标价为每幅250美元，画商希望价格能再低一些，双方谈判陷入了僵局，那位画家便当着画商的面把其中一幅画烧了。画商看到这么好的画被烧掉，感到十分可惜，他问画家剩下的两幅画愿卖多少钱，回答还是每幅250美元，画商又拒绝了这个报价，这位画家把心一横，又烧掉了其中一幅画，画商连忙求画家千万别再烧这最后一幅。

最后这位画商问画家愿卖多少价钱时，画家说道：“最后一幅画能与三幅画卖一样的价钱吗？”最后，画商竟然不得不以600美元的价格买走了这幅画。

当时，其他的画的价格都在100美元到150美元之间，而画家的这幅画竟然卖了600美元，这位画家所采用烧掉两幅画以吸引那位画商的“以退为进”策略，是因为他知道自己的三幅画都被这位画商看中了，烧掉了两幅，剩下了最后一幅画，勾起了画商的占有欲望。同时，他事先还了解到，这个画商对他爱上的东西，是不肯轻易放弃的，宁肯出高价也要收买珍藏。聪明的画家施展这一招“以退为进”果然很灵，一笔成功的生意唾手而得。

如果谈判过程中遇到“僵局”，销售就可采取“以退为进”的办法。

1999年，美国一家大型航空公司要在纽约城建立航空站，希望爱迪生电力公司能以低价供应电力，但这个要求很快就遭到电力公司的拒绝，并推脱说公共服务委员会不批准，因此洽谈陷入窘境。后来，航空公司索性不洽谈了，并放出风去，声称自己不再依靠电力公司，决定自己建设发电厂。

爱迪生电力公司听到这一消息，立刻改变原先的强硬态度，主动请求公共服务委员会从中说情，表示给予这家航空公司优惠价格。双方终于达成了协议。

打仗也好，销售也好，暂时的退却是为了更好地进攻。这也是"退"与"进"的辩证法在谈判桌上的灵活运用，销售新人掌握了这种技巧，就有利于更好地掌控谈判局面。

在销售谈判中，不管双方有多么大的诚意，也不管双方提出多少个有创意的方案，由于双方存在着利益上的对立，最终避免不了要经过或明或暗、或动或静的讨价还价。其中，报价是谈判开始的主要内容。

报价的时机在一定程度上会影响谈判的结果，先报价的一方，等于为整个谈判画了一个范畴，这可以在一定程度上影响对方的心理期望值。此外，如果报价出乎对方的意料，则有可能给对方的谈判部署以沉重打击，动摇其"军心"。

报价的作用会贯穿于整个谈判过程，因此先报价比后报价的影响更大。但是先报价也有其弊端，即易遭到对手的压价，迫使谈判人员一步步降价，而且不知道对方的报价，很容易陷入被动局面。所以，销售新人应根据具体情况，也可考虑后报价。后报价的优势在于：当对方先报价后，可针对对方的报价来重新调整己方的报价，从而后发制人。

先报价或后报价都是有利有弊的，那么销售新人应采取什么样的报价顺序呢？

一般来说，己方在谈判中处于有利地位时，先报价较为有利。如果双方谈判实力均衡，谈判一定会竞争得十分激烈，那么应当先报价以争取掌握主动权；如果己方实力较弱，尤其是缺少谈判经验时，应后报价，因为可以通过对方的报价来观察对方，同时也便于进一步深入研究，对己方的报价作出调整。

人们知道名牌产品和普通品牌的产品质量差异不大。当有人告诉你名牌卖2元，普通品牌卖1元。你选择哪个？很可能是价格低的。那么如果告诉你名牌今天卖1.3元，你或许就不会买价格低的了。

在销售谈判中有两种情况：一种是己方报价，对方还价；另一种是对方先报价，己方还价。那么，在谈判中，销售新人该如何应对对方的报价呢？

首先，不要接受第一次报价。

其次，故作惊讶。销售高手总是对买家的出价感到很震惊，好像被吓了一大跳的样子。

同样，先报价与后报价没有绝对的要求，一切要视情况而定。销售新人在报价时，还要注意报价的时机。在谈判报价时，销售新人应首先讨论产品的使用价值，待对方清楚其价值后，再行对价格进行讨论。

5. 用环境影响客户的决策

环境给人带来可以是舒适、惬意和随性，也可以是对人的一种警示、一种劝阻、一种威慑，对人们的行为产生某种约束。这就是环境的约束力。

通常人们在面对充满危险的环境时，会变得谨慎、害怕、恐惧，甚至选择逃避，这就说明环境能让客户的心理受到一定的影响，并可以改变人们一些行为和选择。这样，我们就可以借助环境的力量，使对方面临一定的压力，从而使我们能够占据优势。

一位心理学家曾做过这样一个实验：他让10个人穿过一个黑暗的房间，在他的引导下，这10个人都成功地穿过去了。然后，心理学家打开房内的一盏灯，在昏黄的灯光下，大家都惊出一身冷汗，原来地面是一个大水池。水池里有十几条大鳄鱼，水池上方搭着一座窄窄的小木桥，刚才他们就是从小木桥上走过去的。

这时，心理学家问："现在，你们当中还有谁愿意再来一次呢？"结果没有人敢站出来再走一次。

过了一会儿，有两个胆子比较大的人站了出来。两个人小心翼翼地走上窄窄的小木桥，速度比第一次慢了许多，而且个个都很小心，生怕摔下去，送了性命，终于走到了尽头，两个人却都是满头大汗，心还在怦怦乱跳。

后来，心理学家又打开房间的几盏灯，人们看见小木桥下方装有一张安全网，由于网线颜色极浅，他们刚才没看见，"你们谁现在愿意通过这座小桥呢？"心理学家问道。这次站出来的人比上次多了一些，站出来6个人，因为有安全网保护，危险性就降低了很多，即使掉下去也不会有什么大事。虽然6个人还是比较小心，但是速度快了很多，一会儿就顺利地通过了小木桥。

最后还剩下两个人没有站出来，心理学家问："你们为何不愿意呢？"此时，两个人异口同声地问道："这张安全网牢固吗？"这时，心理学家笑了笑，把房间里所有的灯都打开了，光线更足更亮，大家这才发现，原来水池里的大鳄鱼都只是模型而已，不是真的鳄鱼。

敢不敢通过房间里的小木桥，除了个人心理素质的影响外，环境的影响也是显而易见的。在不知情的情况下，10个人都很轻松地通过了小木桥，而当发现环境其实是充满危险的时候，人们的选择就会发生变化，因为他们受到了一种环境威慑力的影响。随着环境中危险因素的减少，其威慑力也逐渐减小，人们采取行为时所受的影响也就变小了。

销售人员要善于利用环境，必要时可以借助环境的优势。比如，当客户对产品的质量和信誉表示怀疑时，销售人员可以通过一些有力证据来说明自身的实力。世界上最伟大的推销员乔·吉拉德在他办公室的墙上挂满了他荣获的各种奖章，还有一些登着自己事迹的报纸、杂志、文章以及和某些重要人士合拍的照片。这些“广告”有力地给他自己以及他的产品做了最好的证明，无形中对客户产生了一种作用力，迫使其承认、信赖，甚至顺从和拜服，这使乔·吉拉德总是能十分顺利地推销出自己的产品。

薛华最近代理了某品牌的手表，在商店进行销售。每次有客户光临的时候，他都会绘声绘色地描述手表的质量如何优质，性能如何良好，但是由于产品价格很高，很少有客户购买。虽然薛华口才很好，把手表的功能说得神乎其神，但是客户反而更加怀疑，最多也只是看看，真正购买的没有几个。

一个月过去了，薛华仅仅卖出一块手表，连柜台的租金都不够，于是他就开始想办法。薛华分析，客户之所以不敢购买他的手表，最主要的就是不相信商品的质量。而自己缺少对商品的有力证明。那么，如何才能证明自己的商品的质量呢？他想营造这样一种环境和氛围，来影响客户的决定。

第二天，薛华买了一个鱼缸摆在自己的柜台上，并把两只手表放进了鱼缸里。很快就吸引了很多顾客过来围观。这时，薛华又开始讲自己销售的手表的防水防震功能，并把手表从水里捞出来让顾客传看，果然不怕水；接着他在把手表递给顾客传看的时候，故意没有抓牢，使表掉在地上。顾客吓了一跳，赶紧捡起来，看了看，还好没有摔坏。当他把手表还给薛华的时候，薛华居然又使劲儿地把手表摔在地上，但捡起来后，手表依然没有任何损伤。这下，客户都相信手表的质量了，而此时，薛华又拿出手表的质量证书以及专家的推荐，并声明现在是推广期，限量销售，买晚了就买不到了。结果客户开始纷纷抢购他的商品，他的生意一下子火了起来。

只有强而有力的证明，以及环境的烘托和感染，有效地吸引了客户，使客户产生很大的好奇心和信赖感，并促使他们立刻行动，进行购买。因此销售人员要善于利用环境，给自己制造气势，增加自己的信心，消除客户的疑虑，获得客户的信赖，最终征服客户。

在销售中，光靠销售人员苦口婆心的劝说，有时候并不能起到太大的作用。善于借助环境的影响力，则可以给自己增添气势，用这种不可违背，具有威慑力的氛围，作用于客户，帮助自己有效地推销产品。

6. 找到客户的爱好

“椰菜娃娃”在美国的商业史上取得了巨大的商业成功。在这则成功的案例中我们可以看到，客户的爱好对其购买行为有着重大的影响。商品的特殊包装、装潢、商标和品名，常常能给消费者以各种联想，唤起消费者的各种心理活动。

“椰菜娃娃”是美国商人针对西方国家独特的社会结构和道德伦理观念的变异，进而开发出的一种新型玩偶。每个用碎布做成的娃娃，屁股上都煞有介事地打上接生医护人员的印章，还附有一张“出生证”，在上面印着它的姓名、手印和脚印。商店宣布，这种玩偶是从椰菜地里捡回来的孩子，因此，当顾客“购买”这些孩子时，必须办理“领养手续”。这样消费者购买娃娃时，就在心理上造成了一种半真半假的感觉，仿佛这真是一个活生生的生命体。

由于“椰菜娃娃”满足了消费者害怕寂寞、希望有个不会添麻烦的孩子的心理，所以在1983年曾出现过抢购狂潮。

实际上，没有人会对自己不感兴趣的事情投入过多的精力，而如果是自己感兴趣的事情则会情绪激昂地参与进来。这种心理也可以为销售人员在销售中说服客户时所利用，主动去迎合客户的兴趣，拉近与客户之间的距离，从而实现进一步的交流，为最终的销售铺平道路。

一般来说，相类似的人之间有着共同的兴趣爱好，愿意参加类似的活动，在共同的活动中既能彼此接近又能相悦，从而使人际间的吸引力增强。在看待问题上，态度会比较一致，情意相投，志趣相合，在一起交往能正确反映自己的能力、感情和信仰，并能够得到支持和鼓励，所以，比较能够友好相处。对相似的人来说，相互沟通比较容易，因此彼此之间有共同话题，误会和冲突比较少，相处会比较融洽。即使本来并不太熟悉，也会比较容易消除陌生感，从而形成较强的人际吸引力。

销售人员和客户之间也是一种社会交往，如果双方没有共同语言，那是很难进行交流的，更别说推销商品。如果销售人员能够主动去迎合客户的兴趣，谈论一些客户喜欢的事情或人物，把客户吸引过来，当客户对你产生好感的时候，购买你的商品也就是水到渠成的事情了。

当然，销售人员每天都会与许许多多的客户接触，而自己也不是全能的，什么都喜欢，什么都知晓。这就要求销售人员要博闻强识，了解的东西越多，知识越丰富，就越能够自如地应对更多的客户。一个优秀的销售人员一定是一本“百科全书”，他们需要懂很多的东西，即使不精通，也要了解大概，一旦某天和客户谈起，也不会因为自己的无知而冷场，导致谈判无法进行。销售人员只有懂得越多，才能找到和客户的共同点，使彼此相互吸引。

小吴是某装潢公司的销售人员，一次他去拜访一位客户——某公司的经理秦先生。见面之后，小吴先对自己公司的产品做了大体的说明，使秦先生有所了解，并看看是否有自己需要的产品。但是这些枯燥的、像念经一样的东西，实在无法引起秦先生的兴趣。小吴发现秦先生已经产生了一些倦怠的情绪，如果自己再这样说下去，肯定会引起客户的反感。于是他努力地寻找着能够吸引秦先生的话题。

这时他发现秦先生背后的书橱里放着许多关于《易经》方面的书，并且办公桌的案头也有一本看了一半的《易经》。于是小吴眼前一亮，找到了突破口。小吴说："我想秦先生一定很喜欢中国古代的文化经典，想必对《易经》也是十分有研究的吧？"

本来昏昏欲睡的秦先生听到小吴谈到《易经》，一下又有了精神，说："是啊，略有研究。闲暇时喜欢琢磨琢磨。"

小吴顺势说："其实，我也很喜欢中国的古典文化，特别喜欢《易经》，它思想深邃，包罗万象，把宇宙与生命巧妙地结合在一起，透露出很多人生的真谛，很值得去研究啊！"

秦先生马上被吸引了过来，一下子有了兴致，和小吴讨论开来，小吴的一些见地与秦经理不谋而合，使秦经理很是高兴。谈到中午还不尽兴，秦经理非要拉着小吴一起吃饭，边吃边聊，简直就是相见恨晚，一下子亲密得不得了。

后来秦经理不仅买了小吴的产品，还和他成为好朋友。而这一切的因缘只是小吴在拜访秦经理之前不久，刚刚读过《易经》，那时刚好派上用场。

如果小吴没有读过《易经》，也就难以找到和秦经理的共同话题，生意就难以做成。因此销售人员要想激发客户的兴趣，就要不断地为自己"充电"，除了过硬的专业知识素养外，销售人员还应该学习更多的知识，无论是天文、地理、时事、娱乐，还是古今中外的人物和事件，多了解、多积累，说不定哪天就会派上用场，帮助销售人员成功找到客户的爱好，得到客户的青睐，从而为销售创造出有利的条件。

正所谓“英雄惜英雄”，销售人员的博学多才会给自己在销售中创造很多的便利，增加自己与客户的共同语言，引起客户的兴趣，使客户与销售人员惺惺相惜，为彼此之间建立深厚的感情提供契机。销售人员不仅要不断提高自身的修养，练好基本功，还要善于在与客户的交谈中发现客户的爱好，这样才会有的放矢，不至于偏离方向。

7. 有效调动客户的兴趣

“兴趣是最好的老师”，拓展开来，对于销售人员而言，客户的兴趣则是销售人员成功实现销售的重要突破口。找到客户的兴趣所在，并以此建立共同的话题，缩短彼此之间的距离，化解双方心理上的隔阂，使销售人员得到客户的认同和接受。在这种情感投资的基础之上，实现交易便是水到渠成的事情了。

某售楼中心的推销员小胡负责推销A、B两套房子。一天有个客户前来咨询，并要求看看房子，而这时小胡想要售出的是A套，在带客户去看房子的同时，他边走边向客户解释说：“房子您可以先看看，但是A套房子在前两天已经有位先生看过并预订了，所以如果您要选择的话，可能就剩下B套了。”

这样说过之后，这位客户的心里会产生这样一种效应，那就是“既然已经有人预订A套房子，就说明A、B两套房子相比，A套比较好一些”。有了这样的心理。在看过房子以后，客户更加觉得A套房子好，但是既然已经有人预订了，只能怪自己来得太晚了，于是客户带着几分遗憾离开了。

过了两天，推销员小胡主动打电话给前两天来看房子的那位客户，并兴高采烈地告诉他一个好消息，他对客户说："您现在可以买到A套房子了，您真是很幸运，之前预订A套房子的客户因为资金问题取消了预订，而当时我发现您对这套房子也比较喜欢，于是就先给您留下了，您看您还需要购买吗？"

客户听到这样的消息十分高兴，有一种失而复得的感觉，既然机会来了，一定要把握住，于是他迅速地与推销员小胡签了这份单子。

就这样，小胡顺利地按照自己的预想把这套房子卖了出去。他之所以能够成功，就是因为他善于调动客户的兴趣，巧妙地把客户的注意力吸引到A套房子上来，并且让他产生购买不到的遗憾，激发其强烈的购买欲望，最后又使客户"绝处逢生"，既欢喜又迅速地买下了这套房子。

当然，销售人员每天接触形形色色的人物，这无疑就对他们自身的素质提出了相当高的要求。销售人员见多识广，了解的东西越多，知识越丰富，就越能够自如地应对各种客户。一个优秀的销售人员一定是一本"百科全书"，他们需要懂得很多的东西，即使不精通，也要懂得个大概。这样才能在和不同的客户进行交谈的时候，不至于因为自己的无知而冷场，导致谈判无法进行下去。销售人员也只有懂得越多，才能更加容易找到和客户的共同点，使彼此相互欣赏。

销售人员的博学多才会给自己在销售中创造很多的便利，增加自己与客户之间的共同语言，引起客户的兴趣，使客户与销售人员惺惺相惜，为彼此之间建立深厚的感情提供契机。销售人员不仅要不断地提高自身修养，练好基本功，还要善于在与客户的交谈中发现客户的兴趣所在，这样才会有的放矢，不至于偏离方向。

8. 拒绝的借口意味着还有成交的可能

销售过程中，销售人员往往会遇到这样的几种情况：有的客户会表示出一定的兴趣；有的客户则会毫不留情地断然拒绝；也有一些客户会表现得比较含蓄，会为自己的拒绝找出一系列的借口，而这样的客户其实内心也有一丝购买的欲望，只要销售人员加以激发和感染，就会把他们争取过来。面对这样的客户，如果销售人员选择放弃，就会白白放掉了一大批潜在的客户。

事实上，有借口，总比直接拒绝更有促成销售的可能。只要销售人员看准对象，巧妙地加以引导，就会有效地堵住客户的借口。正所谓盛情难却，当你用无比激昂的热情和真心去感染客户的时候，客户也会被打动的。

当销售人员在向客户推销一些产品时，客户为了避免让销售人员感到尴尬和失望，往往会善意地说："这种东西确实很好，不过不好意思，我现在并不需要，等以后再说吧。"这样的话总比冷漠地拒绝要让销售人员心里好受得多。此时，销售人员不仅要向客户表示感谢，还要邀请客户随便转转，说不定就会有客户需要的商品。即使客户真的不需要，销售人员也要保持礼貌和尊敬，给客户留下好的印象，使客户下次再来光顾。

而面对那些想要购买，却借口频频的客户，销售人员则要善于用自己的真心去堵住客户的借口。客户之所以会找出各种各样的借口进行推诿，很大程度上是对产品的质量、性能或者价格等方面有不满意的地方，而自己又不好意思说，因此才会不断地找借口，希望销售人员做出让步。如果销售人员不懂得客户的心理，只是一再地要求客户购买，那么客户也只能不断地寻找新的借口加以回绝。而如果这时销售人员主动地询问客户是不是因为价格太高，或者款式不合适而犹豫，并站在客户的角度提一些合理的建议，即使不能弥补，只要你晓之以理，动之以情，客户还是会乐意接受的，毕竟你的真心和诚意是让客户感动的，并对你产生信赖。

一位女士到商店去买皮靴，销售员小敏给她介绍了好几个款式，结果那位女士不是觉得款式太旧，就是嫌质量不好，要么就是觉得颜色不合适。小敏忙活了半天，也没有为客户找到一双合适的鞋子。但是小敏却没有抱怨，而是很真诚地向女士道歉说："小姐，真是不好意思，浪费了您这么长的时间，也没有为您找到一双合适的皮靴，真是抱歉。"

听到这样的话，那位女士反而觉得过意不去，对小敏说："没关系，我再转转，或许可以找到一双合适的。"其实这位女士是看好一双鞋子的，只是觉得价格太贵，不好意思说，才一直犹豫。于是女士又一次转到那双鞋子的前面，拿起来端详。

小敏立即过去对她说："这款皮靴是今年上市的新货，属于休闲类的。穿起来也很时尚，喜欢的话您可以试一下。"

女士又开始犹豫了，她说："不用了，我先看一下，不过相对来说，这双鞋子我还是比较喜欢的。"

小敏说："没关系，您试一下吧，不合适可以再找别的，而且这款鞋子只剩下几双，我们可以以八折的优惠价卖给您。"

这时那位女士终于决定试一试，结果试过以后感觉很好，只是还是觉得价格有点贵，就努力地挑鞋子的毛病，最后她发现一只鞋子的内侧的皮子接口处有瑕疵。而小敏则解释说这是一种制作工艺，而不属于质量问题。

于是小敏就对女士说："小姐，我知道您也是真心喜欢这双鞋子，虽然您认为这一块有瑕疵，但也绝对不属于质量问题。我们的鞋子质量是绝对可以保证的，在价格上这已经是最低价了。买到一双自己喜欢的鞋子不容易，您看这样吧，这个号码的鞋子只剩这一双了。这块瑕疵也绝对不会影响美观，原价395元，打折后是316元，我现在去找经理说一下，看能不能把零头去掉，以300元的价格卖给您，您看怎么样？"

女士点点头。小敏说："那您先稍等片刻，我去找经理说说，但是我不能保证一定可以说服经理降价，我只能尽力而为。"不一会儿，小敏高兴地回来了。她向女士做了一个"OK"的手势，说："成功了，呵呵，您终于如愿以偿地买到了喜欢的鞋子。"

这时那位女士被小敏的真诚所感动，对小敏连连道谢，并保证下次还来小敏这里购物。

小敏以其不厌其烦的敬业精神，以及对客户真诚的服务最终感动了客户，也赢得了客户的心和信赖，使之成为她长久的客户。

其实，在面对客户的诸多借口，销售人员不要认为是对自己的否定，是对产品的拒绝。而应该听出客户的言外之意，仔细考虑客户是不是就真的不需要。如果需要，如何才能够让客户接受。对于那些拿不定主意的客户，销售人员首先要学会和他们沟通，从谈话中了解客户的性格特点，寻找客户犹豫的心理根源，找出突破口，堵住客户的借口，让客户满意地接受。

9. 引导客户说出真实诉求

在销售过程中，销售人员必须要了解客户的真实想法和感觉，这对销售的成功起着至关重要的作用。

美国有一家汽车公司需要一批汽车垫，公司人员正在安排订购这批产品。由于这是一单很大的生意，获利的空间很大，因此很多生产厂家都希望得到这笔业务，竞争很激烈，但是最终有可能接下这笔订单的厂家只有3家。这3个厂家实力相当，提供的样品的质量也不相上下，汽车公司通知这3个厂家，约好时间到公司来开会以商讨细节问题。

厂家当然都明白这次会议的重要性，3个厂家都在来之前做了充分的准备。其中一个厂家选派的代表哈里先生思维严谨，说话很有条理，举止气度不凡。

会议的当天，3个厂家的代表都准时到达汽车公司，与汽车公司的负责人进行了具体的沟通。在会议中，另外两家的代表为了给汽车公司留下一个良好的印象，发言积极，口若悬河，轮番介绍产品及服务特点，汽车公司的负责人听得连连点头，但就是没有表态。

轮到哈里发言时，他没有说一句话，只是向大家微微鞠了一躬，然后用纸片写了一句话："诸位，实在对不起，我突然得了喉炎，说话不方便，为了不影响大家，我已经准备好了贵公司所需要的关于我们厂产品的材料。如哪位能替我介绍一下，我将万分感谢。"写完之后把纸条交给了汽车公司的负责人。

负责人看完这张纸条后把它向众人读了一遍，随后一边仔细看材料，一边向大家介绍哈里的产品和一些相关的资料。最终的结果是：哈里获胜了，他拿下了这单生意。因为负责人向大家介绍资料的时候，哈里适时地保持了沉默，负责人自己完全掌握了哈里产品的所有信息，而且哈里的资料把产品的利弊通通展示出来，让负责人一目了然，减少了信息整合的时间，这样既大大地方便了负责人，也把负责人和哈里拉到了同一条战线上。这样特殊的服务项目，帮助哈里拿到了订单。

对于销售人员而言，光会说话不行，光自己一个人说更不行，还要能使客户说话，并善于聆听客户说话。对方说话，要全神贯注地听，要放下手中的工作，双手交叉放在膝盖上，身子稍微前倾些，好像全身心投入到与对方的谈话之中。较重要的话要注意做好记录，要注意与对方目光的交流。不要评价，要自然而然地做出聆听的动作。有疑问时，可打断对方（一般不要打断），重申自己的观点，问对方对否，要心平气和地听客户讲话，不可带有敌意，不带任何偏见，并注意总结、概括或重申对方讲话中对自己有利的一面。

我们没有理由对所有沉默都感到不舒服，连续不断的讲话并不一定是成功销售的必要因素。相信你也会允许客户有机会去思考和表达他们的意见。否则，你不仅无从了解对方想什么，而且还会被视作粗鲁无礼，因为你没有对他们的意见表示出兴趣。最重要的是，洗耳恭听可以使你确定客户究竟需要什么。

出色的销售人员必须掌握聆听的技巧，然而这却是销售行业中最容易被忽视的一个问题。通常，在销售产品时，70%的时间是销售人员在讲话，客户只用了30%的时间说话。这种做法有时虽然可以煽动客户的关心和热情，但却不能引起客户下决心时必须有的自信和理智。

一个期望购买你产品的客户，他所要的是你的产品，可是，在他觉得有充分的根据之前，他是不会轻易下决心或采取行动的。新的销售技能，是要诉诸客户的理智。于是，说话者和倾听者的比率应该倒转过来，客户说话的时间变为70%，而销售人员在提供产品之前，一直当听众。直到后来，才应客户的要求，说出货品的价格，介绍公司所能提供的产品，然后以几句简要的交代做个总结。

一个好的听众，态度上要显示出相当的谨慎，不在对方讲话中插嘴，或任意发问。好的听众应该专心地倾听，在必要时才附和几句。最具代表性的态度有点头、视线相交、微笑、同情地叹息等。一个优秀的听众，心中都有一个天平，能衡量出哪些话是金玉良言，哪些话是随口抛出的无稽之谈。

“会说话的人，同时也是会听话的人”，这是千古不变的名言。在销售活动中，尽量让客户发言，你可以从他的话中窥探出他的想法及所关心的事情，如果你自己单方面的滔滔不绝，完全不让客户表达意见，客户会越听越烦，即使不当场拒绝你也会抛下一句“下次再说吧”而不愿继续谈下去，事实上下次你根本没机会再述说你的长篇大论。

在第一次接触时，要了解客户在想什么、喜爱什么，就要“诱导”客户多说话。他说得越多，你从中了解的情况也越多，这对你下一步展开销售极有帮助。

如何使客户讲话呢？销售人员可以采用询问法，当说明告一段落后，可以问“那么，你觉得怎样？”“我认为这套系列教材对你儿子非常适合，不知他今年多大？”大部分客户会说：“今年×岁，但是这教材有点贵呀。”从这些回答中，你可以知晓客户的心态。他虽然可能想要买，但是钱的问题仍然困扰着他。既然知道了客户的意愿，那么销售人员就应再回到主题，强调商品的好处，以及他儿子与这种商品的关系，并且再度询问，重新探测客户的反应，那时客户的回答或许又不一样了，“钱是小事，只是不知道夫人会怎么想……”

用这种询问的办法，就能够抽丝剥茧地知道对方的顾虑所在。要让客户心满意足，就应确切掌握客户的喜好和想法，再以此为中心慢慢推进，这就是巧用倾听技巧的商谈要诀。

销售人员在倾听客户谈话时，应注意做到：

（1）要努力用心倾听，去了解客户。销售人员在倾听时，应充分用心思考，琢磨客户的说话内容。反之，如果对客户的说话内容听而不闻，而把倾听的时间用来想别的事情，那就有可能错失销售的良机。

（2）要耐心地听。无论是不同的观点，还是不堪入耳，甚至使人恼怒的话，都让客户把话说完，切不可粗暴地打断客户。因为耐心地倾听是销售人员对客户尊重的很好表示，它有利于拉近销售人员与客户之间的相互关系。要善于体察客户的感觉，设身处地替客户想一想，不要急于做结论，要争取弄懂对方谈话的全部意思，接受和关心客户，认真帮助他寻找解决问题的途径，不要做与谈话无关的事情，或面露不耐烦的表情，不必介意客户谈话语言和动作的特点，应将注意力放在谈话的内容上。

（3）要有积极的回应，要使自己的倾听获得良好的效果，不仅要潜心地倾听，而且还要有反馈性的表达。可以随对方表情的变化而改变自己的表情，并用简单的肯定或赞赏的词语适当地插话。这样，客户会认为销售人员在认真地倾听，进而愿意更多、更深地讲出自己的观点。要注意不断将信息反馈给对方，以检验自己的理解是否正确，并引导客户谈话的内容。

（4）摸清客户的真实意图。销售人员在倾听客户说话时，必须摸清客户的真正意图，只听其话语的表面意思是远远不够的。倾听客户谈话时，要能控制自己的感情，不要总想占主导地位，一个总想表现自己的销售人员，是不会很好地倾听对方谈话的。

10. 积极创造让客户无法抗拒的强大气势

我们常常会说，将军有将军的风范，土匪有土匪的痞气。不同的人，其特殊的身份和特质，决定了其外在的气势和影响。在现实生活中，有不少人也能给人这样的感觉，虽然他不说话，单单是站在那里，就可以让人觉得有一种特殊的气质，使人不禁对其肃然起敬，表示信服和依赖，或者感到一种威严的气势，不由得顺从和臣服于他。这其实就是一种无形的影响力，是一个人的品质以及意志等内涵的外在体现，并外化成一种气势和力量，对别人产生一定的吸引或者威慑。一个人如果能够提高自己的这种隐形的气势，就可以更深刻地影响到别人，使这种气势变成感化别人的力量。

有位心理学家做了这样一个实验：他让一名军人装扮成一个乞丐，而让一个乞丐装扮成一名军人，两个人交换角色，一个去沿街乞讨，一个去管理士兵。结果军人装扮成乞丐以后，还是那样挺拔坚定，说话低沉镇定，当他对路人说："请施舍我点东西吧！"很多人都为之一震，浑厚的声音之中传达出一种不可抗拒的力量，人们不自觉地掏出钱来给他。而乞丐装扮成的军人，却是一副萎缩的姿态，在士兵面前低声下气，他在命令士兵列队的时候，居然是低声地说："我求求你们都站好吧！"结果士兵们一起喊"是，长官"，竟把他吓得躲到墙角了。

这就是气势的影响，它可以传递给别人这样的信息：你是自信的还是谦卑的，是胸有成竹的还是心中没谱儿的，是不可轻视的还是可以随意应付的。当你在气势上处于劣势的时候，不仅不能影响到别人，还可能被对方控制。

因此，销售人员在客户面前，一定要将自己最强势的一面表现出来，要充满自信、要坚定果断、要谨慎认真，而不能唯唯诺诺、拖拖拉拉，更不能马虎大意、随波逐流。在处事立场上，如果你没有坚定的意志，没有果断的精神，那么主动权就会控制在对方手里，使你受制于人。

销售人员要善于改变自身的气势，增强影响力，其基础就是要有强大的意志力作支撑。有决心、有目标，才会有独立性，不受别人的干扰和影响，也不会随波逐流、半途而废。因此，销售人员如果能将决策时的独立性和果断性与执行时的坚定性完美地结合在一起，一种无形的影响力就会产生，你的自信与坚定，你的镇静与果断，足以让对方对你表示信服，对你有所依赖，并在你逼人的气势之下，轻易向你妥协。

原一平是一位伟大的推销员，在日本被称为"推销之神"，然而他并不是人们想象中的那种英俊挺拔的销售员。他的身高只有1.53米，长相也很普通，在他刚刚进入销售界，进行保险推销的时候，处境是十分艰苦的。不但没有经验，而且自身气质不佳，几乎没有任何优势。因此在进入公司的半年时间里，他居然一份保险也没有推销出去。因此，他没有钱租房子，没有钱吃饭，日子过得很艰难，但是他并没有自怨自艾，依然微笑着面对自己的生活，因为他始终坚信，生命的天空总会有晴朗的一天。

他总是能够微笑地面对周围的一切，而且笑得那么真诚、那么自信。同时他也对自己的工作充满了坚定的信念，在别人已经灰心丧气的时候，他依然能够充满希望地面对。

有一次，原一平去拜访一位客户。去之前他就听说这个客户是个性格内向、脾气古怪的人，很难对付。但是原一平没有退缩，勇敢地敲响了客户家的门。

“你好，我是原一平，明治保险公司的业务员。”

“哦，对不起，我不需要投保。我向来讨厌保险。”

原一平并没有生气，而是诚恳地问：“能告诉我为什么吗？”

“讨厌是不需要理由的！”客户突然提高声音，显得有些不耐烦。

原一平并没有选择离开，而是依旧面带笑容地望着他说：“听朋友说你在自己的行业做得很成功，真羡慕你，如果我能在我的行业也能做得像你一样好，那真是一件很棒的事。”

原一平的话让客户的态度略有好转：“我一向是讨厌保险推销员的，可是你的笑容让我不忍拒绝与你交谈。好吧，你就说说你的保险吧。”

于是原一平被请进了家门，原来客户并不是讨厌保险，而是不喜欢推销员。而在接下来的交谈中，客户在不知不觉中已经被他的自信、开朗、热情和坚定所感染。最后，客户终于被原一平说服，愉快地在保险单上签上了他的大名，并和他握手道别，说：“你真是个了不起的人，我好像完全不能抗拒你似的。”

原一平就是靠自己的巨大影响力感染了无数的客户。他相信真诚和自信能够打动很多人。为了能够更好地影响客户。他还苦练“笑功”，把“笑”分为38种，针对不同的客户，表现不同的笑容，使自己不管在面对什么样的客户时都能够散发出迷人的魅力，使客户如沐春风，无法抗拒。

第七章

销售人员必知的心理学效应

1. 焦点效应：把客户的姓名放在心中

试想，当你拿起一张包括你在内的团体照片时，你先看谁呢？毫无疑问，一定先看自己。当联考放榜时，你先找谁的姓名呢？不用说，当然先找自己的大名。每当我们到风景区游览时，经常会发现有人在石头或树木上刻名留念。为什么他们会有这种幼稚的举动呢？因为他们希望别人知道他们，他们希望“永远活在别人的心中”。

由于人类最关心的是自己，所以连带非常关心自己的姓名。假如你能够尊重并牢记别人的姓名，就表示你在乎他，这非但能建立良好的人际关系，而且对销售业务的拓展也大有帮助。

原本对钢铁行业一窍不通的安德鲁·卡耐基，如何成为举世闻名的钢铁大王呢？他成功的秘诀之一就是：极为尊重别人的姓名。

10岁时，卡耐基无意间得到一只母兔子，不久，母兔就生下一窝小兔子。可是，他的零用钱有限，确实没有足够的钱买食物来喂这一窝小兔子。于是，他想出了一个点子，他告诉邻居的小朋友，只要他们肯拿食物来，他将用小朋友的名字为小兔子命名。

小朋友听了，立刻踊跃提供食物。这件事给卡耐基极深刻的启示：人们非常在乎自己的姓名。

卡耐基长大成人后，有一次为了竞标太平洋铁路公司的卧车合约，与竞争者布尔门铁路公司针锋相对。双方为了中标，不断削价火拼，均已无利可图。

不久，卡耐基与布尔门都到纽约去见太平洋铁路公司的董事长，他们在饭店门口巧遇了。

卡耐基对布尔门说：“我们这不都是在作贱自己吗？”

布尔门说："你指的是什么呢？"

卡耐基向布尔门陈述恶性竞争的危害，并提议化解前嫌，彼此携手合作。布尔门认为有点道理，可是仍旧无法全部接受。

布尔门突然问道："假如我们合作的话，新公司要取什么名称好呢？"

卡耐基想起了童年养兔的往事，他断然回答："当然是'布尔门卧车公司'啦！"

布尔门听了，顿时双眼发亮，两人很快就达成了合作协议。

又有一次，卡耐基在美国宾州匹兹堡建了一家钢铁厂，专门生产铁轨。当时，美国宾夕法尼亚铁路公司是铁轨的大客户，该铁路公司的董事长叫汤姆生。卡耐基又想起兔子的故事，于是，他就把新建的钢铁厂命名为"汤姆生钢铁厂"。

卡耐基这一套"尊重别人姓名"的本事，使他无往不利，生意兴隆，最后建立起了他的钢铁王国。

了解"尊重别人姓名"的重要与价值之后，我们就得进一步设法牢记别人的姓名。

我们常听许多人说："我就是记性很差，老是记不住别人的姓名。"或是说："我的记忆力不好，因此人跟名字就是对不起来。"记别人的姓名很困难吗？雪佛兰通用汽车分公司的总经理巴布·兰德能记6000个人的姓名；美国前邮务总长杰姆能牢记50000个人的姓名！

巴布·兰德能够牢记全美6000个以上的雪佛兰汽车经销商的名字，在每一次的经销商联谊会议里，他都能一一叫出每一位经销商的大名，并亲切地跟他们寒暄。他这种超乎常人的记人名本事，是他成功的原因之一。

杰姆10岁丧父，连小学都没读完，但他在46岁时，获得四所大学的荣誉学位，并担任美国邮务部长。

杰姆成功的秘诀就在能牢记50000个人的姓名。这套特异本领，甚至为富兰克林·罗斯福入主白宫起了重要作用。他的所作所为给政治人物上了最宝贵的一课——选举要得胜，必须牢记选民的姓名。

或许你会说，巴布、杰姆都是特例，一般人做不到。其实记人名就跟背英文单词一样，只要肯用心，下苦功，必有所成。

对一般人而言，记几十个几百个姓名不难；可是，能记数千个数万个人名就非比寻常了，那将是成功之钥了。要牢记人名，可参考下面三个方法。

（1）用心仔细听。把记别人姓名当成重要事情去做。每当认识新朋友时，一方面要用心注意听，一方面要牢牢记住。若听不清对方的大名，请立刻再问一次。切记！每一个人对自己的名字，比全世界的所有人名合起来还关心。

（2）利用笔记，帮助记忆。别信任自己的记忆力，在取得对方名片之后，必须把他的特征、嗜好、专长、生日等写在名片背后，以帮助记忆。当然，若能配合照片另制资料卡，就更理想了。

（3）重复一个人的姓名，能够帮助记忆。因此，在初次谈话中，应故意多叫几次对方的大名。如果对方的姓名很少见或很奇特，不妨请教其写法与姓名的来历。

2. 折中效应：拒绝贪婪，细水才会长流

在销售过程当中，由于买卖双方大多只会关心自己的利益，都想得到对方的利益。这其中不乏有人鼠目寸光，只看重眼前的利益而忽视了长远的发展；而有的人则目光长远，更看重长远的利益，即使暂时失去眼前利益，也不会太在意。销售人员，尤其是销售新人，在谈判中，一定要把目光放长远，别为了眼前的一点利益，而丢失了将来还可能存在的合作机会。

有一位华先生与一食品出口公司谈判大蒜生意。在第一轮商谈中，食品出口公司报价每吨2300元人民币，而华先生只肯出2100元人民币。显然，双方在价格的原则立场上是有差距的。三日后，双方再次坐到谈判桌前。由于大蒜收获期就要开始，如不马上处理，错过收购时期，不但数量保不住，而且收购价格还要跌涨。食品出口公司权衡了利弊后，愿以2150元成交。可是华先生又发出了一手“怪招”。他说：“我祖籍是山东。我们交个朋友吧。说心里话，这批蒜卖2150元一吨，贵公司有点亏，我心里也不愉快。做生意嘛，讲个来日方长，这样吧，每吨我多加10元。”这一“怪招”，真出乎人的意料之外。等合同正式签字生效后，我方问他，本已谈妥价格，为何又加价呢？他说：“虽然每吨的价格增加了一些成本，但我们双方日后还要长期交往，如果有求于你们，我想你是乐意尽力协助的。有些同行，斤斤计较，这样会使对方产生反感，也会对你设置重重关卡，虽然生意做成了，但并不愉快。表面看是赢家，那样因小失大实际上是输家。”见解果然独到！

一个成功的谈判战略，往往是通过对某种旧的传统观念的铲除而建立的。以上事例说明：在贸易谈判中，谈判者不但要有娴熟的议价技巧，还要有综观全局，不计一城一池之得失的战略眼光才行。

搞销售做生意，都是为了营利，在谈判中失点利，但最终目的还是获利，只不过是不想因小失大，因此，销售人员在谈判时一定要把目光放长远，别因蝇头小利而丧失长期大利。

事实上，一个销售高手通常会在第一次与客户签单时，就为第二次或第三次的合作埋下“伏笔”，这叫提前预留感情资本。即使双方合作没有成功，也要及时地感谢对方，这样才会使双方的感情不断加深，也为双方以后的合作打下良好的基础。

市场经济下的竞争异常激烈，所以谁先占领了销售群体，也就拥有了市场的主动权，在这种氛围下，就自然而然地生成了“顾客是上帝”的观念。所以客户一旦选择了你，就把信任也交给了你。如果你表里不一，想瞒天过海或者偷梁换柱，又怎么能让客户再放心与你合作呢？

在结婚10周年纪念日到来之际，张女士夫妻想趁此机会到漓江去旅游，于是就精挑细选，从十几个旅行社中挑出了颇具规模的一家定好了行程。张女士一心向往着温馨的旅行，谁知事与愿违，第一天到达目的地就被导游告知，由于标准间的客房已经被安排满了，所以只能让他们夫妇住进洗浴大厅的桑拿房。张女士虽然心有不甘，但是无奈连夜的车程使得他们疲惫不堪，再加上导游小姐满脸歉意的微笑，所以就同意了。但是令他们无法忍受的是洗浴大厅内的条件实在很差，地面脏乱，卫生间也污秽不堪，床上的被褥更是异味难闻。

本想借着度假重温恋爱时的温馨浪漫，却被眼前的现实击碎了，原本舒心的旅游大打折扣。于是，气愤的张女士就与客房负责人联系，双方僵持到凌晨一点多，旅行社同意赔偿张女士一部分费用，但是依然没有办法解决眼前住宿的问题，无奈之中张女士只得返回桑拿房，在污浊的空气中，原本浪漫的旅程变得寡然无味。

出门旅行，图的是赏心悦目，舒心自然是最重要的。但是这家旅行社却没有按合同上的规定为客户提供服务。差价虽然能补上，失去的信用却是千金也换不回来的，因此，无论是对于企业的经营者还是销售人员而言，要想在激烈的竞争中谋得一席之地，就要遵守相关的规则，最为重要的就是按合同办事，本着诚实守信的原则经营，要靠着童叟无欺的经营理念招徕客户、占有市场。

做好以下几点，你的销售之路也会越来越宽了。

（1）把客户当成亲人。要与客户形成亲人之间特有的亲密感。正是这种亲人之间的毫无保留的信任，才能使客户对商家持一种放心的态度。一旦商家在业务之外有什么需要客户帮助的，客户也会积极地给予帮助。即使客户对产品有什么不太满意之处，也会给予商家相应的理解。

（2）把客户当成友人。真正的友情不会因为利益的链接而生锈，因而在友情的基础上构建的生意才会更稳定、更持久，这适用于贸易、销售等行业。正是因为这些行业涉及的都是一些大型项目，面对的客户也是比较固定的群体，所以一定要保持好企业的形象，与客户建立起长期稳定的关系。

（3）把客户当成恋人。当你把客户当成恋人时，自然就会想着把他哄高兴，更重要的是会对他百般呵护。想客户所想，做客户没想到的，这样才能使客户感受到精心的服务和无微不至的关怀。

（4）把客户当成贵人。任何企业要想做大做强，单凭自己的实力是绝对不能完成的，所以就需要贵人从中协助。但问题的关键是你不知道谁会是你的贵人，这就需要你抓住身边的每一棵救命草——客户，把客户当成生命中的贵人。

（5）把客户当成合伙人。推荐营销是目前流行的一种新的营销理念，即让自己的客户为自己做宣传，进而带来更多的客户。作为销售人员尤其要善待你的每一个客户，把他们当成你的合伙人，因为你们的目的是共同的——“双赢”。

3. 情感效应：用心拓展你的客户群

成功的营销离不开在推销过程中对客户感情的投资。感情投资有很多种，但是最重要的就是“投其所好”，要先对客户的爱好有所了解，这样相处起来就会变得融洽许多，也会相应地缩短商家与销售人员的心理距离，有时还会使矛盾的双方转变成朋友关系，这样做起生意来就会顺畅许多。

韦普先生是菲德尔费电力公司的销售人员，有一次，他看见一户农舍的房子比较宽大、整洁，于是就上前敲门，当女主人布拉德老太太拉开门时，韦普先生自动报了来意，但大门“砰”地一下关上了，韦普先生再三敲门，此时女主人布拉德老太太回应的却是一连串的破口大骂。

韦普先生通过一些途径了解到布拉德老太太养的小鸡比较好，于是就改变策略。当他再次来到布拉德老太太的门前时，他温和地对女主人说道："布拉德老太太，您好，真是不好意思打扰到您，其实我今天并不是专程为推销电气而来，只是听大家说您养的小鸡比较好，而且鸡蛋也很好，于是就想买一点。"

布拉德老太太此时把门拉开了一点，盯着韦普先生。于是韦普先生继续讲道："听说您家养的鸡都特别漂亮，我家不仅养不出来，就连见都没见过。今天正巧我太太想做一些蛋糕，您也知道做蛋糕使用黄褐色的鸡蛋要比使用白色的鸡蛋好得多，所以特来冒昧地向您求助。"

布拉德老太太听完韦普先生的这段话，脸上立刻露出了笑容，打开门请韦普先生进到院子内。韦普先生看见院内的设施，便说："夫人，我相信您养鸡赚的钱一定不比您先生赚得少吧！"布拉德老太太听见这话就更开心了，因为长期以来养鸡都没有得到丈夫的认可，难得今天遇到"知音"，于是便主动邀请他参观自己的鸡舍，介绍自己的养鸡经验，谈话之间自然就聊到了用电对养鸡的好处。

于是两人越聊越投机，半个月之后，韦普先生所在的公司收到了布拉德老太太邮寄过来的用电申请书。此后，布拉德老太太周围的邻居也源源不断地向电力公司提出用电申请。

从这个例子我们可以看出，销售人员和客户之间的关系并不是对立的，也不是此消彼长的，而应该是互利的。所以在谈生意的时候，销售人员要学会像对待老朋友那样来对待你的客户。要亲切友好，不要斤斤计较，为长远的发展着想，使彼此之间的交往更加融洽。

在很多销售人员的观念里，与客户谈生意就是为了赚钱，双方可以为了一点点利益而拼得你死我活。而实际上，相互争斗不仅会伤了和气，还会导致两败俱伤。而友好的谈判则会让双方在和谐的气氛中构建良好的合作关系。生意需要双方坐下来真诚地谈判，只有在和谐的氛围中，才会取得最好的结果。在谈判中，销售人员要对客户表示出足够的理解和尊重，消除客户的抵触情绪，使彼此的情感升级，从陌生人变成朋友，这样才会顺利地进行交易。

乔·吉拉德是美国著名的汽车销售人员，他早已成为很多年轻销售人员争相学习的对象。以下是乔·吉拉德一次成功的推销经历。

一天，乔·吉拉德像往常一样在展销室推销他的汽车。这时展销室进来了一位中年妇女，她说她需要一辆福特车，颜色最好是白色的，因为她比较喜欢白色，而且她的表姐也拥有一辆那样的车，看起来很时尚。刚才在对面的车行时，那里的销售人员说现在没有，必须等一个小时才行，所以她就想先四处看看。中年妇女还透露了一个信息：“今天是我生日，我希望可以把这辆车买来作为自己的生日礼物。”

“哦，生日快乐！夫人。”吉拉德诚恳地向中年妇女表示祝贺，随后便带着这位女士观看展室，他先让她看一下车模，然后自己出去了一下，又回来对那位中年妇女说：“女士，您最喜欢的颜色是白色吗？那现在我给您推荐一辆我们的新款汽车，希望您能喜欢。”说完这句话，一位女工作人员走进来，手捧一束鲜花，然后满脸微笑地把花递到了中年妇女的手中，然后真诚地说：“祝您生日快乐，夫人！”中年妇女先是很吃惊，继而感动得眼泪都快要流下来了。“好久都没有人为我庆祝生日了”，中年妇女声音略带哽咽地说，“之前的那位销售人员，估计是觉得我买不起福特车，所以才对我不理不睬的，我想去看看样车，他却让我等着，于是我才来你这里的，其实未必一定要买福特车，你的雪佛兰也不错。”说完这话，中年妇女爽快地签了购车的订单。

中年妇女之所以改变了最初的买福特车的意愿而买了吉拉德的雪佛兰，正是因为被吉拉德的关怀感动了。吉拉德营销成功的方式不是花言巧语，而是巧妙地利用了客户的情感需要，因此促成了交易的顺利成交。

在推销学中有一种推销策略叫作“情感营销”，就是把客户不同的情感需要作为推销活动的出发点，根据其情感需要制定具体的推销方式来推销。情感推销注重的是销售人员和客户之间的情感互动，可以通过各种形式来实现这种互动，比如举办联谊会、沙龙等。它的优点在于通过销售人员与客户之间的互动，可以增进双方之间的了解，销售人员通过沟通了解到客户的情感需要，以便给予其满足，让客户对销售人员产生信赖，然后推销就可以顺利地进行，有时候甚至不需要过多的周折就可以完成交易。

4. 互惠效应：来而不往非礼也

现实生活中，很多人对免费的商品或者免费的服务往往总是心存芥蒂，无法心安理得、踏踏实实地接受，反而生怕其中有什么“阴谋”，让自己讨不着好不说，还要遭受额外的损失。这样的担心是不无道理的。这其实就是因为在人们心中，有一种互惠的力量在“作祟”。因为对方给了你好处，在你的内心深处你感觉也应该以相应的好处回报对方。如果不这么做，内心就会感到不安。

中国人特别讲究“来而不往非礼也”，当别人给了我们某些好处，或者做出了某些退让，我们就会本能地想到以另一种好处来报答别人，或者也做出一些退让，这才会感觉到心安。就是在这样的心理压力作用下，很少人能够无动于衷。这就是互惠原则的巨大影响。

对于销售人员而言，把这种影响运用到销售之中，也会产生积极的效果。你要想获得什么样的回报，往往不在于别人想要给你什么，而是你曾经给了别人什么。当你实实在在地为别人做了一些事情，给他带去了一些好处，别人就会想方设法地来报答你为其所做的一切。

一天，马先生接到一个电话，对方是一位年经男士，自称是居民防火安全协会的服务人员，询问马先生是否愿意了解一些家庭防火安全方面的知识，是否愿意让人到他家里检查一下有没有什么安全隐患，而且还可以免费得到一个家用灭火器，并声称这一切服务都是不收费的。

马先生对此很感兴趣，于是欣然同意对方到自己家里来一趟，于是约好了时间。

到了那一天，那位年轻男士果然来了，并对马先生家里可能引起火灾的地方做了仔细的检查，还免费送给了马先生一个手持式便捷灭火器。检查完毕之后，他还给马先生的全家讲了一些关于火灾的常规知识，并对马先生家里发生火灾的可能性做了一个评估。这位年轻男士所做的一切都让马先生全家感到十分的满意和感激，觉得自己确实从中获益不少。

此时，时机终于成熟，那位年轻男士根据马先生家发生火灾的可能性，建议他购买一套家庭火灾报警系统，全家人对此很感兴趣，于是就问从哪里可以买到，这时年轻男士便说如果真的需要，自己可以帮忙联系。最后马先生当然是购买了一套火灾报警系统，并且依然觉得那位年轻男士给了自己莫大的帮助。

这就是互惠心理在起作用。朋友这次请你吃了饭，下次你就会找机会再请对方一次，否则心里总会觉得不安；别人在你生日的时候送了你礼物，你也会找机会回送对方一份；甚至两个不相识的人，人家对你点头微笑，你也会微笑以对。在人们的意识中，大家都认为：接受了别人的恩惠、馈赠、邀请等，就有责任回报对方，而且这也是“理所应当”的。

因此，在互惠互利原则的影响下，从别人那里得到好处的人，就肩负起了偿还对方恩惠的责任。不偿还，就会产生负债感，这使其不得不被一种力量所左右。互惠是一种普遍的心理影响力，善于应用这样的心理效应，就会为销售人员在建立客户关系时带来很大的帮助。

周涛是一名医疗设备的推销员，他想把自己的医疗设备推销给某医院，便去拜访该医院的院长，但是去了几次，都没能如愿以偿。第一次去，院长避而不见，把他堵在了门外，说自己的医院不需要这些设备。第二次去，虽然让他进了办公室谈话，但是也没有让他坐，只是站着聊了几句，就说有事离开了。

周涛不甘心，这一天他又来拜访这位院长，恰好碰上院长和自己的秘书正在费力地搬运一盆花，他想要把这盆花移到自己的办公室，一副小心翼翼的样子，看得出院长很喜欢自己的这盆花。于是周涛主动上前帮忙。等院长把那盆花安置好以后，周涛再次说明自己的来意。他已经做好了再次被拒绝的准备，但是这次却听到了不一样的声音，院长说可以考虑从他这里购买一批医疗设备，这让周涛心中大喜，看来这笔生意有戏了。果然，经过商谈，双方最终签下了单子，院长从周涛那里购买了3套医疗设备。

为什么院长会改变自己的态度，而接受周涛的推销呢？原因就在于周涛帮助院长搬了花，院长接受了周涛的帮助，理所应当想回报周涛点什么。如果依然严词拒绝周涛的推销，未免有些说不过去，在这样的心理影响力的作用下，院长最终选择了购买其医疗设备来回报对方。

这就是互惠原理的巧妙应用，通过首先给对方“好处”的方式，用一种无形的力量拴住对方的心，从而扩大自身的影响力。当然也有人会无动于衷，会知恩不报。但是这样的人毕竟是少数，他们会被作为反面教材来约束人们，使大家不要像他们那样做。

销售，其实就是销售人员与客户之间打的一场心理战，如何在这场战争中取胜，不仅要斗智斗勇，还要善于从心理上占据优势，让对方心悦诚服。如帮对方一个小忙，给对方一些赞美等，当对方受到了你的恩惠，也就会在自己力所能及的范围之内给你一定的回报。这对促成销售会产生意想不到的效果。

5. 权威效应：客户往往喜欢跟着“行家”走

权威效应，又称为权威暗示效应，是指一个人要是地位高，有威信，受人敬重，那他所说的话及所做的事就容易引起别人重视，并让他们相信其正确性，即“人微言轻，人贵言重”。

“权威效应”的普遍存在，首先是由于人们有“安全心理”，即人们总认为权威人物往往是正确的楷模，服从他们会使自己具备安全感，增加不会出错的“保险系数”；其次是由于人们有“赞许心理”，即人们总认为权威人物的要求往往和社会规范相一致，按照权威人物的要求去做，会得到各方面的赞许和奖励。

美国曾有一个心理学教师找到一个学习化学的班级要做一个“权威效应”的心理实验，他请该班的教师向学生引见说：这位教授是国际上知名的化学家，最近他研究出一种新的化学品，由于我与他很熟悉，今天专程请这位教授向同学们展示一下这项新的研究成果，“先睹为快”。于是，“国际上知名的化学家”拿出一个瓶子，里面装着透明的液体，然后告诉同学们，他正在研究一种化学药品的感知效应，现在他展示的化学药品是一种新药，其味道可以在空中迅速传播，而只有对化学药品有敏锐感知的人才能通过空气中的传播感受到。然后，“国际上知名的化学家”打开瓶子，同学们屏息，用心体验“只有对化学药品有敏锐感知的人”才能得到的感受。接着，大家开始谈自己的感觉。有的说，这是一种与过去所有的化学药品味道完全不同的东西；有的说，教授打开瓶子后，立即就会感受到一种由前至后扑鼻而来的清香，“味道好极了”；等等。全班没有一位同学表示不同看法。待大家讨论得差不多了，“国际上知名的化学家”告诉同学们，他不是什么化学家，而是本校的一位普通的心理学教师，瓶子里装的不过是刚刚从学校自来水管里流出的自来水而已。接着，他表示他的心理学实验圆满完成，“谢谢大家的真诚合作”！

这样的实验结果是令人惊讶的，为何明明无任何气味的自来水，学生却可以闻出味道来呢？这是因为人们对权威的信任和遵从，使其对“权威”的化学家没有表示任何怀疑。

人们都有一种“安全心理”，即人们总认为权威人物的思想、行为和语言往往是正确的，服从他们会使自己有种安全感，增加不会出错的“保险系数”。同时，人们还有一种“认可心理”，即人们总认为权威人物的要求往往和社会要求相一致，按照权威人物的要求去做，会得到各方面的认可。

人们对权威的深信不疑和无条件遵从，会使权威形成一种强大的影响力，利用这种权威效应则可以在很大程度上影响和改变人们的行为。在现实生活中，“权威效应”的应用很是广泛，如许多商家在做广告时，往往高薪聘请知名人物做形象代言人，或者以有影响的机构认证来突出自己的产品，以达到增加销售量的目的。

小张是某医疗器械厂的销售人员。一次，在他拜访一个客户的时候，对方是一个心思极为缜密的人。所以小张在向客户作商品介绍的时候，讲解得特别详细。在回答客户的咨询时也回答得比较有条理，同时还把客户的意见用小本子记录下来。

但在交谈过程中，小张发现客户对自己的产品质量还是有很大的疑虑。于是，小张又给客户提供了一份产品的市场调查报告，使他了解自己产品的真实销售情况。对于这一点，小张很是自信，因为本公司的产品销量确实很好，在市场上也有一定的名气，对客户也很有说服力。此外，为了让客户深信不疑，小张还把产品的认证证书和很多权威专家的推荐拿给了客户，使对方终于消除了疑虑，很放心地购买了他的产品。毕竟有那么多权威的推荐和认可，自己也没有什么不放心的了。

在权威效应的影响下，生活中的很多人喜欢购买各种名牌产品，因为它们有明星的代言，有权威机构的认证，有社会的广泛认同，这样就可以给人们带来很大的安全感。在一定程度上，权威代表着社会的认同，代表着绝大多数人的意见。这样，在其强大的影响力下，人们会变得很顺从，而对权威不敢发起挑战。因此，销售人员在销售过程中如果能够巧妙地运用权威的引导力，则能够对销售起到很大的促进作用。当然，销售人员也要正确合理地运用这种优势，而不能贪图眼前的利益弄虚作假欺骗客户，这样必然会带来严重的后果。

6. 稀缺效应：短缺会造成商品的价值升值

我们常常会说这样一句话："拥有的时候不懂得珍惜，失去后才发现它的珍贵。"不管是对自己喜欢的东西，还是对自己来说重要的人物，这样的感觉恐怕很多人都会有。而且还有一种状况，可能一件原本对自己没有什么吸引力的东西，当有一天你将要失去它，或者你已经意识到自己很可能得不到它时，这件东西就会在突然之间变得很有诱惑力。是什么魔力让人们有如此巨大的转变呢？是因为稀缺，当我们能够获得某种东西的机会越来越少时，其价值就会越发地凸显出来，变得贵重。这种"机会越少，价值越高"的稀缺效应，往往会对我们的行为产生很大的影响，而且这种影响是全面的、深刻的。

心理学家曾经做过这样一个实验：他选了10个人，分别与他们面对面进行谈话。在谈话期间，心理学家会尽力地讲一些比较有趣的话题来吸引实验者，同时，他还安排人在他们进行谈话的时候，给实验者打电话，看看实验者会有什么样的反应。结果发现，10个实验者虽然并不知道是什么人从什么地方打来的电话，但是都会中断与心理学家的谈话而选择去接电话。即使打来的电话并不重要，且交谈的内容也不如与心理学家交谈的内容精彩和有趣，但是再有电话打来，他们还是会接。即使不接，也不会像之前那样专注地与心理学家进行交谈了，明显变得坐立不安，因为他们心里总是惦记着那个电话是谁打来的。

相比而言，打来的电话似乎比与心理学家的谈话更具吸引力，这是为什么呢？因为每一个实验者都会想，如果自己不接电话的话，就有可能不知道打来电话的人是谁，并因此错过了打电话者所带来的信息，而且一旦错过了，就可能永远也没有补救的机会了。因此，电话一响，实验者就会中断谈话而去接电话。

这个实验告诉我们，可能失去某种东西的想法会对人们采取什么样的行为产生很大的影响。而且还有一点，那就是害怕失去某种东西的想法比希望得到同等价值东西的想法对人们产生的激励作用更大。如你想让对方接受你的某种建议或者要求，告诉他如果不接受就会造成什么样的损失，要比告诉他接受以后能够得到什么样的好处更容易说服对方。这就是稀缺效应给人们造成的巨大影响。

我们知道，在现实生活中，很多人喜欢收藏一些古董，而那些古董之所以价值连城，主要原因就是它们稀少、罕见，不容易获得。如果类似的古董到处都是，那么它们也就不值钱了。因此，通常来说，当一样东西开始变得越来越稀少时，它就会变得更有价值。这就是我们平常所说的“物以稀为贵”的现象。甚至一些原本不完美的、一文不值的东西，也会因为稀少或者独一无二，而变成重金难求的珍品，例如，印刷模糊的邮票、打磨失败的美玉、两次冲压的硬币、有残缺的瓷器等。因为稀少，因为有瑕疵反而比那些没有瑕疵的物品更有价值，更受到人们的青睐。

这说明，短缺因素对物品的价值会起到很大的影响作用。而利用这一原理，我们则能够达到给人施加压力，使之顺从的目的。在生活中，人们常常会使用“数量有限”的策略，当销售人员告诉顾客某种商品供应比较紧张，不能保证一直有货的时候，就会促使客户及早地采取行动。

闫鑫是某百货公司一名非常出色的销售员，他在向客户推销的时候，总是能够巧妙地运用短缺原理来促使客户尽快做出决定。即使面对的客户不同，推销的商品各异，他也总能取得不错的业绩。他总是和客户这样说：“先生，这种引擎的敞篷车在本地不超过10辆，而且厂里面已经不再生产了，错过了这次机会，以后想买，恐怕也买不到了。”“这种厨具就剩最后两套了，而另一套您是不会选择的，因为它的颜色不适合您，所以这套厨具非您莫属。”“您也许应该考虑一下多买一些，最近这种商品十分畅销，工厂里已经积压了一大堆订单，我不敢保证您下次再来的时候还有货”……

这样的说辞无疑是十分有效的，客户在其影响下，为了使自己不因买不到而后悔，总是会果断地做出选择。先将自己喜欢的商品占为己有，这样才能够安心。这就是闫鑫的成功之处。

数量有限的信息确实会对消费者的购买决策产生有效的影响。因此，如果销售人员能够将这种策略合理地应用到商品的销售过程中，则会有效地促进销售。当销售人员发现客户对某种商品感兴趣的时候，如果能对其进行巧妙的引导，在说明商品质量可靠、价格实惠的同时，不妨再加上这样一个善意的提醒："这款商品刚刚卖出一套，这恐怕是我们这里最后一套了，如果错过，就需要等到一个星期以后再来了。"客户听到这样的话，往往会在害怕买不到的心理作用下，迅速地做出决定，先买回家再说，不能让别人抢先。因为拥有它的机会变少了，而其对客户的重要性也就大大提高了。

7. 老虎钳效应：你再加点生意就成交

对于销售人员来说，有一个策略绝对有助于他们顺利闯过谈判关，那就是所谓的"老虎钳"策略。销售新人们不妨将其理解成这样一句简单的话："你得再加点。"

比如，买家已经听了你的报价和你的价格结构，但是，他坚持说他跟目前的供应商合作很愉快。你该怎么办？不要急着降价。你必须明白，在已成功地激起了他对你的产品的兴趣的时候，他很快就会对你说："我们同目前的卖方合作很愉快，但是我想多一家供应商的支持跟他们竞争也没有什么坏处。如果你们把价格降到每磅1.22元，我们就装一车。"

这时候，你就应该拿捏好你的老虎钳，平静地回答："对不起，你们还是出个更合适的价格吧。"

老练的买主会进行反驳：“我到底得高多少呢？”这样他就迫使你说出具体的数字。

谈判就是这样，处处都有陷阱。可是，你没有必要急于求成压低报价。能进入谈判最后关头，说明你已经具备了稳住自己的能力。这时候，你需要做的，其实就是沉默。

你开出自己的价格，然后沉默，买主可能就会表示同意。至少在你弄清他会不会接受你的建议之前就表态是很愚蠢的。

在一次销售谈判中，谈判双方坐在同一张圆形会议桌旁。当时，销售代表已经给出自己的价格并且进入了“沉默”阶段，就像他们在培训学校学到的一样。然而，对方很显然也是有备而来，所以他们也不表示意见，而是用沉默来试图让销售代表降价。

这是一场策略战，更是一场心理战，坚持到最后者无疑将赢得这场“战争”。

好像半个小时过去了，尽管可能只是5分钟，因为沉默让时间显得如此缓慢。最后，聪明的销售代表打破僵局，在便签上潦草地写了“决定”两个字递给对方。然而他故意把“决定”误写成“决宁”。对方看了看，说：“你写错了一个字。”于是他一开口说话就收不住了，接着说道，“如果你不愿意接受我的价格，我愿意再涨2000美元，但一分也不能再多了。”他在没有搞清楚对方是不是接受之前就先改了自己的价格！所以，他输给了销售代表，而后者则成功地闯过了这一关。

所以运用老虎钳效应，高明的谈判对手对对方的意见或反应只回答说“对不起，你还是出个更合适的价儿吧”，然后沉默。当然，你可以更加灵活地运用这一策略。

杰克是销售办公室配备新设施的一位销售新人，他们一般的程序是了解三家有资格的商家的价格，然后选择最低的那一家。他就是一个善于运用脑筋老虎钳策略的人。当别的销售人员正在埋头研究那个商家们的价格，然后匆匆接受其中一家的价格的时候，杰克却一笔将商家们的出价画掉，然后写上“你还是给个更合适的价儿吧”，然后寄给他们。一般来说，商家们反馈回来的价格总能比原来的出价低10000美元。

可能会有人怀疑这10000美元的价值，因为他们会想：要是对于一笔几百万美元的生意来说，10000美元简直不值一提。但是，销售新人们，请千万不要陷入谈判百分比的陷阱。以杰克为例，关键是他在两分钟内挣了10000美元。这就意味着他照这样，他每小时创造了300000美元的最低利润。这就是10000美元的价值。

如果你对一个买主做出了2000美元的让步，你是做1000美元的买卖，还是100万美元的买卖都没有关系。你让出的价钱仍然是2000美元。你应该想的是：“在谈判桌中间放着2000美元，我愿意花多少时间，看看我能得到多少？”

再坚持一会儿就能多得一点儿，这不是意味着一小时挣50美元而很可能是一分钟挣50美元，或许一秒钟挣50美元！

如果还不足以说明问题的话，记住谈判中的1美元就是底线的1美元。不是销售总额的1美元，所以，你几秒钟赢得的2000美元，在销售总量中是无数个2000美元。假如你是折价零售商店和健康保健中心的销售人员，你们的利润额只有2%。你们一年的生意价值10亿美元，所以在你们的公司，谈判桌上2000美元的让步对你们利润的影响等同于10万美元生意的收入。

所以，如果你不想让无数个2000美元的销售额白白流失，你就应该再坚持一会儿，在向对方说出“你们还是给个更合适的价儿吧”之后，保持沉默，而不是草率地做出最后决定。

当然，既然老虎钳策略如此有效，你的对手当然不会忽略它。如果有人对你用这个策略，你应怎么办呢？记住，这时你就用这样的对策：“多少更合适呢？”这将迫使买主说出具体的数目，无疑能够为你的闯关成功率增加砝码。

8. 蚕食效应：一点一点促进生意的成交

一位出色的销售人员在谈判过程中不仅能够令已经同买主达成的交易锦上添花，而且还能够使买主同意曾不愿意同意的事情。其中的原因是，这位谈判人员掌握了“蚕食策略”。

许多汽车销售商对这一策略的运用相当熟练。因为他清楚地意识到，如果他们向消费者提的要求太多，消费者就产生了一种抵触情绪。这些销售商首先使你在头脑中形成这样的想法：“是的，我要买车，是的，我要在这儿买车。”然后他们会把你领进屋子里开始把一切附加费用加进去，使之成为汽车的利润。

以汽车商的销售策略来分析，其中渗透了“蚕食”的原则，其实这一原则运用相当广泛。总之，谈判后期运用蚕食策略，更容易得到一些东西。孩子们在这方面的表现就很出色。一个十几岁的孩子，他们根本不用学习谈判技巧的课程，因为他们天生就是谈判高手。孩子们从小开始得到的任何东西都是通过运用谈判技巧获得的。

一个女孩高中毕业的时候希望得到妈妈赠送的一件毕业礼物。在那孩子未公开的日程表中写下三件东西：

（1）想到欧洲旅行5个星期；

（2）想要1200美元的零花钱；

（3）想要一个崭新的箱子。

这个孩子，大家不得不称她为一位谈判高手。第一个愿望是去欧洲旅行，获得了妈妈的同意，几周以后，这个女孩给妈妈的同事写了一封信，信上说她想要1200美元的零花钱，希望她妈妈答应她。听了同事的转告，妈妈无奈地答应了。最后时刻，女儿又对妈妈说："你不想让我拿着那个破烂不堪的箱子到欧洲旅行吧？所有的孩子都带着新箱子！"瞧，一个高中毕业的孩子，的确称得上一位谈判高手啊！

优秀的销售人员都拥有一个秘诀：在谈判时不会把所有要求同时提出，往往是在谈判中先让对方同意，然后再回过头来追加要求。

一个成功的谈判过程可以形象地比喻成向山上滚一个球，一个比你本人还大的橡胶球，奋力把它举到山顶上，山顶就是谈判中的第一次认可。一旦到达这一点，球就会轻而易举滚到山下。其本质就是人们在做出最初的决定之后感觉好起来了。随之减轻压力，感觉轻松了许多。对方的意识进一步肯定了他们刚刚做出的决定，对你可能提出的任何要求他们都更容易接受。抓住了这一普遍规律，每一位销售人员完全有必要进行第二次努力。

比如，一位销售人员要推销打包机，试图说服客户应该买最贵的那种，客户却不肯出那么多钱。若一再坚持，已毫无意义。在其他一切方面都达成协议以后，销售人员说："我们能不能再看看最贵的那种？我不是向谁都推荐这种，但就你们的规模和发展潜力，我真的认为你们应该买这个。那也不过意味着每月多加500美元。"这时候，客户往往说："那好吧，如果你认为这很重要，咱们就谈谈吧。"

蚕食策略是一种非常有效的谈判手段，不过，如何避免成为蚕食的牺牲品，对于销售人员来说也是至关重要的。

卖汽车或者卡车的时候，你最后的感觉可能还是很好的，因为你找到了买主。谈判带来的压力和紧张已经过去了。客户坐在你办公室里写支票，但正当他要签上自己名字的时候，他抬起头来说道："包括一箱油，是不是？"这时候，你可能会因为一直自我感觉不错而轻易把你原来不愿给予别人的东西给予别人；或者你在想："哦，不。我觉得我们什么都谈好了。我不想冒险重新再来，重新谈所有问题，这样整笔生意就丢了。或许我最好做出这点儿让步吧。"

如果你有了这样的行为和想法，那么，你就已经被对方"蚕食"了。因为，销售行业本身就是"寸金必争"的。为了避免买主对你使用蚕食策略，你必须做到以下两点：

（1）明确写出任何外加的让步需要对方付出的代价。这是阻止对方进一步实行蚕食策略的绝招，或许你还会因此而增加一些意想不到的销售额。

（2）不要给自己做出让步的权力。不过，因为你正处在谈判敏感的阶段，所以你要确保你面带微笑，让他们自动放弃对你的蚕食。

总之，一名成功的销售人员就得尽量考虑进行蚕食的可能，并尽量避免买主在最后时刻蚕食你的可能性。因为此时你是最为脆弱的时候，也是最容易做出让步的时候。

9. 人性效应：比商品更重要的是人性

销售人员不应仅仅推销产品，还必须是一个为顾客谋利、帮顾客选购产品的人。

美国寿险奇才巴哈推销成功的秘诀是：图利顾客，使顾客在他身上得到的利益大于他从顾客身上得到的利益。他说："你应该设身处地为顾客着想，为他设计最适合的保险，只要你使他觉得你的服务不同凡响，你就处在有利的地位了。"

巴哈说到做到，有一次，有一个顾客对他说："我要为我自己买5000

美元的寿险，我还要为我的太太与三个小孩各买1000美元的寿险。”

巴哈知道顾客的想法偏差，他为了顾客的利益，立刻动口纠正。他告诉顾客说：“寿险的目的是要当父亲的去保护孩子，而不是要子女去保护父亲。”

最后，顾客接受巴哈的建议，只为自己买了5000美元的寿险。虽然这笔生意减少了，但这位顾客成为了巴哈忠实的老顾客。

销售人员必须处处考虑顾客的利益，帮顾客选购，赢得顾客的信赖，推销工作才会成功。下面再举个例子来说明。

中国南方航空公司有一位业绩非常出色的销售人员，在他初入公司不久，其所负责的业务量就在公司名列前茅。在一次公司的内部培训会上，领导让他跟大家分享一下成功的经验。他说：“其实我也没有什么成功的秘诀，就是注意人性化管理客户信息。”他拿出了一个本子，让大家看了一下，上面密密麻麻地记下了许多老总的名字、地址和其经常所乘坐的航班，甚至还有客户的生日是哪一天，爱好是什么，家乡是哪里，家庭情况如何，其公司的规模、经营的产品、员工的情况等，都详细记录着。领导笑着说：“你都快成档案局长了。”他不好意思地笑了笑说：“我可就是靠着这个本子吃饭的啊！”

事实上，这位成功的销售人员就是凭借这些资料成功地和客户有效联系、沟通的。他有个习惯，就是找到新客户之后，立即着手搜集客户的资料，然后才上门洽谈。正是由于他很清楚客户的需求，因此达成协议也自然就水到渠成了，这也就是他成功的秘密。

李嘉诚先生就是从做推销起步的。有一次他到一个商店推销铁桶，但该店老板一直没有答应。李嘉诚尝试了各种办法都没有任何的效果。后来，一个偶然的机会，他得知这位老板老年得子，对孩子十分宠爱。这孩子十分喜欢看赛马，但是老板一直都没有时间陪他一起去看。李嘉诚知道这个消息之后，立即去找对方商量，他自己出钱带孩子去看赛马，此举无疑让老板十分感动，不久即在李嘉诚那里采购了大量的铁桶。

从以上的例子中我们可以看出，成功的销售人员都是善于从“我要怎样卖出去”的角度思考，先了解“客户为什么购买”，然后才开展销售工作的。

（1）位于首位的是你的“态度”。对于销售人员而言，销售业绩的好坏大多取决于你的态度，而态度的呈现则来自你的人生观。事实上，没有哪个业务员喜欢不停地服务客户，也不会有人真的很愿意帮助客户；可是相反地，每个客户都渴望你对他们有所帮助。基于这种心理，业务人员只要能主动地为客户提供精致的企划服务，合理加强沟通，就能以积极的态度打动你的潜在客户。

（2）打造你的优质“个人品牌”。不是你认识谁，而是谁认识你；只要你建立了自己的个人品牌，客户就会主动打电话给你。“个人品牌”是创造客户忠诚度的最佳途径。销售产品之前，要先销售自己这个品牌，客户认同你这个人，才会购买你的产品。

（3）扩展你的“人脉”关系网。销售不只是在工作，更是拓展人脉网络。大多数业务员并没有拓展人脉网络的观点与做法，他们的理由如下：业务员认为拓展人脉太费时间，因此不愿把自己的时间奉献于人脉拓展；业务员认为人脉拓展并不能带来更多的利润；业务员认为“陌生开发”，才是达到销售目标的最好方法；即便想做，却不知如何着手。

（4）人格性质的改变。个人品牌化的划分，就从幽默的魅力展现开始。如果你可以让客户愉悦，他们就会认同并购买你的产品，因为幽默是一种强而有力、通行全球的语言。幽默是一种技巧，如同做业务一样，需要长期的训练，而幽默又能帮你达到销售目的，创造更亲近的友谊关系。

10. 退让效应：让客户难以拒绝的让步

在销售实践中，采取这种退让形式，比起那种直截了当的方法更能达到预期的效果。

一个十几岁的小女孩，在街上卖玫瑰花，她拦住了一个年轻的小伙子，说："大哥哥，买一束玫瑰送给女朋友吧！一束十枝，只卖50元。"小伙子摇摇头说自己没有女朋友，不需要买玫瑰花。说着就要离开，小女孩又拦住他。"大哥哥，这么英俊。肯定有女孩子喜欢。既然你不想买一束玫瑰花，那就买一枝吧。才5元钱。"小伙子觉得小女孩挺有意思，笑着对她说："买一枝我也不知道送给谁啊，算了，你卖给别人吧。"这时，小女孩还是没有罢休。"大哥哥。既然你不想买玫瑰花，要不要买几块大巧克力，1元钱一块，很实惠的哟。"小伙子没有办法了，因为小女孩一再退让，如果自己再拒绝，心里就会觉得更加不安了。于是他也退让一步，花两块钱买了两块巧克力。而买过以后，他才想起自己根本不喜欢吃巧克力。

在这个例子中，小伙子在小女孩的一再退让下，由原来的拒绝渐渐地变成了接受，为什么会发生这样的变化呢？这是因为小女孩的一再退让给小伙子造成了一定的负罪感，对方已经做出了让步，作为回报，自己也应该有所让步，而不能拒绝到底。因此，小伙子也做出了让步，最终购买了两块自己并不喜欢吃的巧克力。

这种在交易以及谈判中的妥协，是一种非常有效实现顺从的技巧。对于销售人员而言，如果你想要别人答应你的某种请求，你可以先提一个比较大的、难以做到、对方有可能拒绝的请求，然后在对方拒绝之后，再把你真正的请求提出来，这样就相当于你向对方做出了让步，而对方则有义务也对你做出相应的让步，因此，在互惠心理的影响下，你的请求是很容易被对方接受和应允的。如果没有之前的退让，而直接提出来，则遭受拒绝的可能性是非常大的。

这种方法在销售谈判中是最常使用的，当你没有东西馈赠给对方或者你的过分要求没有得到应允时，主动让步更容易实现销售的目的。因为，当你做出让步之后，就会给对方造成一定的压力，似乎告诉对方：我已经不再坚持我的要求，已经对你做出了让步，难道你就不能也做些让步吗？结果当然是对方也做出一定的牺牲，促成了交易。这样，在相互妥协之中，先主动做出退让的一方则会占据一定的优势，迫使对方退而求其次，答应你的要求。

某家电公司派两名推销员去上门推销一种价格昂贵的电视机，结果推销员A失败而归，一台也没有卖出去，而推销员B则成功卖出10台电视机。为什么会出现这么大的差距呢？

推销员A可以说为了实现销售，使尽了浑身解数，凭借自己的三寸不烂之舌，说服客户购买自己的商品，但是绝大多数客户都因为价格太高而婉言拒绝，有的客户说考虑考虑，也只是为了敷衍，而不是真心想购买，因此，推销员A没有成功卖出一台电视机。

而推销员B知道销售这样的商品很难，必须采取一定的策略。因此，他在上门拜访客户的时候，先向客户介绍的是另外一款更加高档和昂贵的电视机，等客户拒绝以后，他才说出自己真正要销售的这种电视机，并说：“既然您觉得那一款太过昂贵，我们还有一款电视机在功能上也很先进，但是价格会便宜很多，您是否可以考虑一下？”就是在这样的拒绝、退让之中，客户觉得对方已经做出了让步，自己也不好再拒绝接下来的请求，于是不少客户都同意了购买其产品。推销员B利用互惠心理，主动做出让步，从而诱使客户也对自己做出让步和牺牲，最终和自己达成交易。

这种先大后小、先难后易的推销方式，确实能够起到意想不到的效果。在现实生活中，这样的策略也经常被使用，特别是在谈判的时候，一方常常会先提出近乎苛刻的要求，然后在这个要求的基础上，逐步进行退让，最终迫使对方也做出让步，从而实现自身的目的。

一般来说，起点越高，这个过程越有效，因为可以让步的空间比较大。但是在实际操作中，却不是这样的，如果起点要求太极端、太过分，反而会起到相反的效果。因为这样的话，提出极端要求的一方往往会让对方觉得没有诚意，即使做出让步也是没有诚意的让步，这样就无法给对方造成压力，也不会达到迫使对方妥协的效果。因此，如果要使用这些策略，一定要根据具体情况把握好分寸，使其对客户的影响力达到最佳。

11. 创新效应：打破常规，出奇制胜

打破常规就是对司空见惯的、已成定论的事物、现象或观点，进行逆向思考并获得有效结果。作为一名销售人员，回想一下自己做业务期间，自己的办事方式、自己做成的那几笔业务，是不是都或多或少地受到了定势思维的影响呢？答案或许就是肯定的，即使你自己不承认或根本就没有感觉到。因为，当你已经按照定势思维来办事的时候，你已经将它升华成了你办事的原则。

销售人员A、B分属不同的皮鞋公司，都被领导派到相同地区开发新客户。两人到达该地区时，同时发现了当地人没有穿皮鞋的习惯，于是销售人员A直接打电话回总部，如实报告这一情况之后就打道回府了。而销售人员B与总部联系说该地区可以挖掘的潜在市场很大，因为到目前为止，还没有发现有居民穿着皮鞋，并表示自己愿留下来开发新市场。销售人员B经过一段时间的努力，成功地占领了该地区的皮鞋市场。

销售人员面对市场和客户要随机应变，在变通中求创新，不断挖掘潜在客户，透过市场表面抓住无限的商机，只有持有这样的心态，才能充分把握市场潜在的机遇。如今大多数市场已经是买方的天下，传统的销售模式已经不适应现实需要，特别是应对复杂和大型的采购流程。因为过去以卖方为主的销售模式缺乏对顾客的认知，这样是难以保证销售成功的。

现在很多专业销售人员都把目光集中在销售过程中，对客户的购买过程则有所忽视，其实这是非常错误的做法。最有效的销售方式是应先了解客户购买产品的原因、用途以及购买过程。

卖方要想顺利地把产品推销出去，就要主动地了解决策者、使用者以及资深专家的建议等，深入了解客户的购买心理需求，从客户的眼神中读懂其现在处于购买循环的哪一个阶段。从买家角度出发制定出奇制胜的销售策略，将是带领销售者走出销售迷宫的最佳导航者。

张志平被称为南京的“芦蒿大王”，他就是靠着自己灵活变通的思维方式一次次为自己赢得了美名。南京八卦洲的芦蒿早已名声在外，然而当人工种植的芦蒿进入到寻常百姓家时，其价格已经低至1~2元/斤。有一次张志平到朋友家做客，看见遍地的芦蒿非但没有让种植户们高兴，反而让他们愁眉不展，原因是这种芦蒿销路太窄，而且价格太低，加上一些其他的费用，根本就划不来。张志平敏感地意识到这是一个好机会，于是他积极了解行情，知道高档的餐饮业还没有引进这种蔬菜，就决定做精包装芦蒿的生意。

为了证明芦蒿的营养价值，张志平特意请南京农业大学食品科技学院对芦蒿进行了测试。测试表明，芦蒿的茎、根、叶中都含有丰富的维生素、氨基酸以及多种对人体有益的矿物质。有了这些证明，张志平就信心十足地从芦蒿种植户手中收购了新鲜的芦蒿，然后加工并精包装，再通过自己的销售渠道销往各大宾馆、酒店。就这样，各大主要城市兴起了绿色健康饮食——“芦蒿热”，香干炒芦蒿、臭干炒芦蒿成了家喻户晓的应时新鲜菜目。

芦蒿的精包装生意让张志平尝到了不少甜头，可是好景不长，2002年芦蒿的价格突然大跌，从过去2元1斤下跌至1角1斤，这样一来，运往宾馆、酒店的芦蒿越多，他亏损得就越严重，当亏损额达到50万元的临界点时，他对芦蒿彻底失去了信心。

沉浸在痛苦中的张志平，走路不小心被东西绊了一下，原来是一根风干的芦蒿。这突然刺激了他的神经，虽然新鲜的芦蒿不值钱，但是加工成干货以后就可能大不一样了。经过实验，证明了他这种设想是可以成立的。于是，他通过特殊工艺和配方，使这种应时节销售的低价位鲜芦蒿变成了常年供应的精制高价位芦蒿干。而且这种经过晒干、风干后的芦蒿，煮着吃、炒着吃、煲汤喝都别有风味，更有咬劲儿，而且营养价值没变。

经过一段时间的推广，这种芦蒿干在市场上一炮打响，而且远销美国、韩国、日本等国家。

其实作为各行各业的销售人员，都要拥有一颗求新求变的心，特别是对一些销售管理人员更是如此。有这样一种说法："换一个角度思考你就是第一。"无论是在业务上还是在生活中，如果遇到困难，不妨换一个角度考虑问题，即使这个想法行不通，但是总有一个方法是行之有效的。总之，换一个角度看问题，可能就是"柳暗花明"的局面。

作为一名成功的销售人员，要时刻相信自己的选择，一个获得成功的人，绝对不是随波逐流的人，也绝对不是一个不敢向传统宣战、不敢坚持自己的信仰和理想的人。

销售人员需要创新，只有不断地吸收新的东西，并创造新的东西，才真正可以对抗那些传统的不良习惯。只有打破固有的思维方式，采取积极的策略才有可能收获更大的惊喜。

第八章

拉近与客户的心理距离才能赢得客户

1. 真诚替客户着想

在销售的过程中，有很多销售人员内心都有这么一个原则，即“以营利为唯一目标”。于是，在这一原则的指导下，许多销售人员为了使自己获得更多的利益，总是不惜去损害客户的利益。他们或者诱导客户购买一些质量差但价格高的商品，或者是买完之后就感觉事情已经与自己无关，对客户在使用过程当中出现的任何问题都是不闻不问的……

这样做的结果可能使你在短时间内获得不菲的收益，但是从长远来看，对销售人员的发展却是极为不利的。因为，如果客户的利益受到损害的话，这无疑将会降低他们对于销售人员的信任感，长此以往，大量的客户流失也就是必然的了。

因此，在销售的过程当中，销售人员如果能够将客户所面临的问题当作自己的问题来解决，而不是做“一锤子买卖”，无疑将会增进彼此之间的信任，这样同客户之间的关系也将更加稳固，合作才会更加长久。

小王在向客户王小姐介绍自己的冰箱：“王小姐，我们的冰箱采用的是最先进的技术，用电量很低，但是保鲜效果却是最好的，与其他牌子的冰箱相比，我们的产品更省电，用电量只有普通冰箱的一半，虽然价格略微有点贵，但是每个月能为您省下不少电费呢。”

王小姐听完之后，脸色缓和了很多，小王观察到这个变化后继续说道：“我们的产品保修时间很长，如果您购买了我们的产品，我们将免费为您维修，是不收取任何服务费用的。其他品牌的产品虽然一般也不要维修费，但是需要付服务费，这服务费也是一笔不小的开支啊！”听完小王的描述，王小姐略微思索了一下，便决心购买小王的产品了。

销售过程当中，为客户着想最为实用的一点就是能够为客户提供增加价值和更加省钱的方案，这样销售人员才能够受到客户的欢迎。时时刻刻为客户着想，站在客户的立场上看待问题，帮客户想一下怎么才能够省钱，然后自己再从中赚钱。其实这样想也并不矛盾，因为当客户非常信任你之后，才会继续和你合作，在多次合作之后，你从中获得的利润当然会比"一锤子买卖"要大得多。

其实销售人员与客户之间的关系不是对立的，也不是此消彼长的，而应该是互利的。所以在谈生意的时候，销售人员要学会像对待朋友那样对待你的客户，要亲切友好，不斤斤计较，为长远的发展着想，使彼此之间的交往更加融洽。俗话说，"精诚所至，金石为开"，只要人们抱定真诚的态度，就可以无坚不摧，没有办不成的事情。把这个道理运用到销售中，让对方知道你真诚的合作愿望，这样会让你的客户在心理上得到极大的满足感，他会认为与你合作非常放心，因为你的态度很诚挚、自然，这样就会很容易促成销售的成功。

销售人员小李就是一个非常为客户着想的人，他在销售的过程当中所坚持的原则就是"做生意先做人"，坚持时刻为客户着想，站在客户的角度上真诚地替他们考虑。也正是因为这样，小李的销售业绩在公司里也总是非常出色的。

一次，一个外地客户打来电话询问一些他们想要购买的机器的价格等情况。小李听了客户的介绍之后，感觉到客户要求配置的机型并不是非常合理，虽然按照客户的要求去做，他的销售额会很高，但是他却不打算这样做。小李在电话里向客户建议道："我刚才仔细看了您的数据，觉得您报的机型配置有点不合理了。当然，按照这样的配置使用起来是没有任何问题的，但问题是要达到同样的效果，机器数量和机型容量都可以减少一些，这样您投入的也会适当降低一些。"

“哦，是吗？”对方似乎有些惊奇地回答道，“但这些类型的机器是厂里规定采购的，而且这也是经过了好几个工程师的测算的，应该不会出现什么错误吧？”小李听到这里，心里感到一震，他甚至预感到可能会因为自己的专业水平不足而失去这单生意了。但是小李还是心有不甘，在挂断电话之后他又与公司的工程师一起做了一份详细的技术说明和可行性分析报告，并通过邮件发到了对方的邮箱里。

一个星期过去了，对方终于来电话了，对方甚至还有些兴奋地告诉小李：“其实我在之前已经打了很多电话咨询，可是没有一个人能够像你这样给我讲得这样详细，而且还不忘为我们着想。我现在就把合同传给你，而且我们公司也决定，你们就是我们的长期供货商了！”

从这个例子我们不难看出，小李正是坚持了“为客户着想”的理念，最终赢得了客户的信任。其实，销售人员在销售的过程当中应当有这样的意识，那就是在和客户进行交往的过程当中，你并不是向你的客户传授某些知识或者说教的，你是在为其提供服务和帮助的，也是在为他们解决问题和困难的。只有当你的客户意识到你是在为他服务，而不是要从他的口袋里掏钱的时候，他才会降低自己的心理防线，进而非常乐意地接受你。因为，当你真诚地帮助别人时，几乎没有人会拒绝你的这种真诚。

2. 用人情留住老客户的心

现实中，由于客户的开发是一项比较困难的工作，吸引新客户的成本至少是维护原有老客户的5倍，因此更凸显出留住老客户的必要性。那么，如何才能留住老客户呢？

（1）让客户对你满意。提高客户满意度是留住老客户的前提条件，只有客户对你的产品和服务甚至你的公司感到满意，才有留下的可能性。但我们仍然需要注意，要使老客户满意并不是一件轻而易举的事，这同样需要掌握一定的方法和技巧。

①不要给客户过高的承诺。客户满意是建立在客户期望之上的。期望值的大小决定了满意度的高低，而且它们之间是呈反比例关系的，期望值越小则越容易满意。由此可知，降低期望值是提高满意度的一个重要途径。

如何降低客户的期望值呢？有效的方法就是不要给予客户过高的承诺，例如，如果你的企业能在接到通知之后18小时内提供售后维修服务，则可以对客户承诺24小时之内；如果维修人员接到电话后能在2小时内赶到，则可以承诺3小时之内赶到。

通过这个技巧，使客户的期望稍低于你的企业服务水准，当你所提供的水准超越了他们的期望后，客户会有一种满足感。

②提供超值服务。超值服务对客户而言意味着厂家让利，可以提高客户的满足感，许多企业的发展长盛不衰，很大程度上便是得益于此。

戴尔公司不仅仅是电脑供应商，还是客户在制定科技策略时的顾问。戴尔公司的科技人员要抽出一定的时间与客户一同讨论未来的科技走向。这种讨论可以使客户事先针对科技的变化而规划适应措施，而不只是被动地接招。戴尔公司所提供的这种超值服务，会使公司与客户的关系更加巩固，建立起最稳固的信任、诚实及伙伴关系。

当然，提供超值服务并不是越多越好，因为当你向客户提供了过多或过高的利益时，很容易让客户下次的期望值建立在这次之上，那时企业的负担就太重了。因此，超值服务的范围应限于那种对客户来说是极为有用的或非常新鲜的，但对销售人员来说却是难度不大的服务。

（2）让客户眼里只有你。一旦客户对你的产品和服务形成依赖时，客户眼里就会只有你了。让客户眼里只有你的有效方法就是：培养客户的忠诚度。培养老客户的忠诚，所需的费用远远低于开发新客户所花费的成本。

①虚心向客户请教。要想永远留住老客户，就必须以高质量和优质的服务满足他们的需要。

从老客户向企业反馈的意见中，可以发现客户对每项产品喜爱的程度以及产品不受欢迎的原因，进而可以帮助你改进服务策略，甚至帮助企业寻求产品改善之方。除此之外，销售人员还有必要每个月花一定的时间和老客户进行沟通交流，以了解老客户的需求。

②建立互动关系。忠诚度是通过与老客户的互动、对话而建立的，因此要建立与老客户之间的价值的互动关系，就必须与老客户建立对话关系，并进而把这种关系扩展到极致。要达到这一目标最简便的方法就是尽量了解客户。只有知道什么时候该提供什么产品，才能让客户心甘情愿地与你合作。

在互动过程中，客户与公司通过各种沟通的桥梁结合在一起，公司对客户的反应做出及时的回应。客户因而可以看到细致的、个性化的服务，必然提高对公司的满意度，成为公司的老客户。

（3）及时处理老客户的抱怨。有的销售人员不愿听到客户的抱怨，他们认为，只要客户不抱怨，那么他们的产品和服务就是好的，其实这种想法是错误的。客户不抱怨并不代表他们满意，因为有的客户认为与其抱怨还不如离开，减少和你公司打交道的次数。尤其是老客户的抱怨，通常一个老客户的抱怨，代表着另外没有向你抱怨的客户的心声。提出抱怨的客户，若问题得到圆满解决，其忠诚度会比从来没有抱怨的客户更高。

①不要简单地对客户说“不”。既然客户对你抱怨，那么他的心里肯定会希望你能解决问题。如果你仅仅待之以一个“不”字，可想而知客户会有什么样的反应。有时就算是客户要求的服务水准太高，你根本无法达到或来不及安排，或者不愿意提供，你也不能对客户的要求置之不理而不做任何解释，最好的办法是如实告诉客户你的困境。

当你勇于承认自己的错误时，客户往往赞赏你的诚实。这会使客户更加信任你，而且也不会对你抱有不切实际的期望。

此外，还有一个方法也可以增加客户对你的好感，那就是当你没有能力去为他解决问题时，积极地去帮他寻找解决问题的方法。例如，你可以告诉客户："没问题，虽然我们没有这项业务，但我知道哪些企业有，这是他们的名称和电话，如果他们也没办法，请打电话给我，我会再帮你想办法的。"如果你不知道哪家公司能提供客户要求的服务，就对他说："我不知道，但让我查一查，我会免费为您找些名单。"客户看到你这么为他着想，心里肯定会感到受重视，以后再买同类产品肯定首先就会想到你。

②及时处理。既然客户已经对公司提出抱怨，那就要及时处理。对于他们所提的意见，必须快速反应，最好将问题迅速解决或至少表示出有解决的诚意。拖延时间只会使客户的抱怨变得越来越强烈，使客户感到自己没有受到足够的重视，使不满意程度急剧上升。

③不与客户争辩。对客户抱怨问题的处理始终要坚持一条原则：不与客户争辩。这条原则至关重要。就算是客户错了，也不要与之争辩，心中要始终存有这种观念：客户是上帝，他们的一切反应都是正确的。

如果企业只拥有一次性交易的客户，那么是无法发展壮大的，要想使企业进一步发展，就应该不断开发新客户并留住老客户，与老客户建立起友好的合作关系。同理，要想成为一个业绩卓著的销售人员，就不仅仅是和老客户做一次生意，而是和老客户做永久的生意；不仅仅要和老客户做生意，更要和老客户建立感情。有了老客户的支持，才能轻松自如地取得非凡的销售业绩，成为一名高效的销售高手。

3. 学会聆听客户的陈述

当客户在表述自己的看法时，销售人员要认真聆听，这一点很重要，因为只有客户愿意谈话，推销活动才可能继续进行。凡是销售人员自己在那儿滔滔不绝的，推销80%都不会成功。也许有些销售人员会很奇怪，顾客是来买东西的，又不是来讲话的，他讲的话和产品有什么关系呢？其实，很多销售人员忘记了一件事情，客户需要被关注，关注的方法就是学会倾听客户说话。

每个人都希望得到别人的关注，或者说，每个人都希望自己所讲的话别人愿意去听、喜欢去听。你的客户尤其如此。丘吉尔曾经说过："倾听是银，沉默是金。"沟通活动中，必要时保持沉默会很有价值，你的沉默不仅会让客户认为你受到他所讲的话的吸引，而且也会为你自己赢得揣摩客户心思的时间，这样对双方有益的事情，为什么不多做一些呢？

有人说世界上最伟大的恭维，就是问对方在想什么，然后注意聆听他的回答。销售人员不仅要学会说，更要学会听。能言善辩是销售人员必备的基本技能之一，但是能说往往都只是在表达自己，以自我为中心，其实更多的时候，销售人员应该学会安静地聆听，听客户说话，让客户多表达自己的想法，这样才会以客户为中心，让客户感到受重视，满足表达自己的心理需求。同时，销售人员还可以从客户的表达中，获得有用的信息，帮助自己了解客户的心理，从而实现有效的沟通。

有时，说得太多太好就是错。自说自话的销售人员，太以自我为中心，而忽略了客户的心情和想法，不给客户任何表达的机会。正因为销售人员的健谈，喧宾夺主，压住了客户的光芒，必然引起客户的反感和厌恶。

因此，销售人员应该学会聆听客户说话，认真地听，很有兴致地听，积极迎合地听，听懂客户的话，弄明白客户的心理，这样才会有的放矢，找到客户的心理突破口。

销售人员不仅要学会聆听，还应该引导客户说，鼓励客户多说自己的事情，这才是聆听的真正秘诀所在。谈论他最感兴趣的话题是通往其内心的最佳捷径。销售人员可以从聆听中获得对销售最有用的信息，了解到客户的真实想法和内心需求。

一项权威的调查显示，在最优秀的销售人员中，有高达75%的人在心理测验中被定义成内向的人，他们行事低调、为人随和，能够以客户为中心。他们十分愿意了解客户的想法和感觉，喜欢坐下来听客户的谈话，他们对听话的兴趣往往比自我表述更大，而这些正是他们赢得客户的秘诀。

乔·吉拉德是一位著名的推销专家，他的推销经验十分丰富。一次，乔·吉拉德推销一种品牌的汽车，一位当地知名的企业家想购买他的产品。这位企业家学历不是很高，白手起家，但是却很有做生意的头脑。乔·吉拉德像往常一样接待了这位客人，给他做了最详细的产品介绍，并推荐了几款最好的车型。原本以为交易会很顺利，但是结果却令吉拉德失望不已。

当天晚上，吉拉德反复琢磨问题出在哪里，可是总是得不到合理的答案，于是，他拨通了那位顾客的电话："先生，您今天有满意的车型吗？"

"是的，有。"那位先生说。

"但是您为什么走了呢？"吉拉德问道。

"你开玩笑吗？现在已经很晚了。"对方有点不耐烦。

"哦，非常抱歉。但是您可以说一下原因吗？对于一个失败的销售人员来说，这是很有意义的。"

"真的吗？"

"绝对！"

"好，你在听吗？"

"非常专心！"

"但是中午的时候，你并没有专心。"那个人继续说道，原来他是打算要买下来的，因为这款车整体来说是符合他的要求的，也没有什么别的问题，但是在最后一秒钟他迟疑了，因为他发现吉拉德对他所讲的话并没有多大的兴趣，他讲什么吉拉德根本没有用心听。这就是他扬长而去的原因。吉拉德回忆了一下，事实确实如此，当时他的心思全在另一位销售人员所讲的很有趣的笑话上了。

显而易见，只有善于倾听才会赢得客户的信任，用心地聆听客户说话，对销售人员实现成功销售是有很多益处的。

在聆听的时候，销售人员要面向客户，身体前倾，把目光集中在客户的脸、嘴和眼睛上，让客户感觉你会记住他所说的每一句话、每一个字。对客户的讲话表示出极大的兴趣，不仅是对客户的尊敬，还能够用你的专注感染客户，从而对你诉说更多，使彼此的谈话由表面的寒暄升级到真心的交流。

聆听时，销售人员对客户的观点和想法不要急于下结论，要等到客户说完之后再发表自己的意见。即使你对客户的观点表示不赞成，也要尽力控制自己的情绪，不要激动，更不能发怒，而是要努力找出你的产品或服务能带给客户更多的好处，以此来说服客户。

销售人员在听完客户说话以后，要善于核实自己的理解，你可以不时地用“嗯”回答向客户表示你在认真听他说话，也可以适当发问或者对其谈话的内容进行重复，这样做会使你表现得足够诚恳，客户内心就会得到满足，认为自己得到了关注，合作的机会就会变得更大。

很明显，推销过程中要多“听”客户谈他们的理想，谈他们的需求以及他们高兴或者不高兴的事情，在听的基础上把这些信息迅速整合，发掘出客户没有表达出来的想法。给予补充或者采取一些补救措施，这样推销的效果会变得更好。无论客户是在称赞、抱怨、驳斥或是责难，销售人员都要仔细聆听，并适时表示关心与重视，这样才会赢得客户的好感，并得到善意的回报。

4. 真诚地赞美你的客户

每一个人，包括我们的客户，都渴望得到别人的赞美。适当地赞美客户，不仅能体现销售人员高深的文化修养，更能为促成业务推波助澜。因此，懂得赞美的人，肯定是优秀的销售人员。在销售活动中，如果你能恰如其分地赞美你的客户，那么就会让你的客户产生一种成就感，从而让他在购买你的产品的时候有一种骄傲的心理，进而对你也会产生好感。

当然，赞美的话谁都会讲，但是在生活当中赞美也要适度，过犹不及反而会适得其反，只有恰当地赞美别人，方能取得他人的好感和信任。因此，在赞美他人时要注意技巧，可以参照以下两个例子。

在一位客户的新婚宴会上，新娘长得并不是很漂亮，甚至腿部还稍有残疾。有一位销售人员为了拉近与这位新郎客户的距离，便到新人面前赞美道："从来没有见过这么漂亮的新娘，简直是白璧无瑕，太完美了！"这位销售人员自认为说得很好，实际上他已经得罪了新娘和这位客户。因为，大家都知道他的赞美过于虚假了，难道新郎不知道新娘的腿有残疾吗？这还能称得上是完美吗？可见销售人员这样不顾事实的恭维非但没有收到良好的效果，反而有可能引起新娘或者客户的误解，认为这是对方在有意讽刺自己。

有一位自我感觉非常良好的老总对自己的个人形象非常看重，觉得自己能力很强，也很优秀。于是他便经常摆出一副冷冰冰的面孔，让人感觉很难接近。有一位销售人员听说了这位老总的脾气不好之后，在一次与该老总合作时，一见面就说："×总，您好，很早就听别的同事夸您，说您是个很爽快的人，办事也特别有能力，还很会关照我们这些在底下办事的销售人员，这次能够和您合作，实在是倍感荣幸。"听完这番话，那位老总脸上马上露出了笑容，并愉快地接待了这位销售人员。

这位销售人员的成功之处就在于他正确地赞美了那位客户，使得那位客户放松了戒备，试想有哪个人会让夸奖自己的人难堪呢？

心理学家分析得出，每个人都有天生的自卑情绪，这种心理决定了人们或多或少地喜欢别人称赞自己聪明、有才华、有活力、做事细心等，只要你说出来，大家都是喜欢听的。因此，作为销售人员一定要学会赞美，并且更重要的是要学会赞美的方法。

卡耐基曾说过：人类最终、最深切的渴望就是做个重要人物的感觉，这也就是为什么多数人喜欢听奉承话的道理。即使他们知道这些奉承话是假的，也仍然百听不厌。

但是赞美也是一门艺术，它的技巧性实际上是很强的。这就如同作画，胡乱涂鸦人人都会涂几笔，而要画一幅完美的作品，可就没那么容易了。赞美别人要做到轻松自如，得心应手，也要有相关的技巧。

首先，当你赞美别人时一定要有诚恳的态度。只有态度诚恳，客户才对你的赞美感兴趣，你才能收到理想的效果。如果你的赞美之词毫无诚意，客人会从你的语气态度中听出来，反而会感到虚伪，那么这样的赞美还是不说为妙。

其次，赞美既然要找出可赞之处，就要努力去观察、去发现、去挖掘，找出顾客引以为豪并希望得到肯定的地方。

小张的销售工作是向饭店推销酱油、醋等调料。

有一次，小张去一家新开张的小饭店推销，服务员领他去见老板。当时，老板正和厨师们包饺子，小张忙上前微笑着说："呀，老板，连您都亲自下厨忙活了？看来饭店生意真挺火啊！"

老板见了他这个陌生人先是一愣，然后嘴就不由得咧开了。小张环顾了一下厨房四周，又接着说："老板，这厨房收拾得太亮堂了，就连锅台都雪白得照人，难怪顾客都愿来这儿吃饭呢！"

老板听完这番话，更开心了。他放下手里的活儿，解下腰间的围裙，迎着小张走来，说："老弟，你真有眼力，看来我的装修钱没白花呀！"

老板笑了，问道：“老弟，有啥事求大哥？”这时小张才说明了来意。买卖成交也自在情理中了。

在上面案例中的那位销售人员，由见老板亲自下厨，称赞对方饭店的“火”，进而捧出饭店的兴隆。这些都是老板知道的事实，听到了自然得意、高兴。相反，毫无根由地胡吹乱捧，只能让人觉得是一种为推销而做的虚假恭维，必然适得其反。因此，有经验的销售人员在赞扬客户时，总是注意细节的描述，而不空发议论。

作为销售人员，你也应该观察入微，找到客户值得赞美和欣赏的人或物。无论是谁，对待赞美之词都不会不开心，让别人开心，我们并不会因此而受损，何乐而不为呢？

作为销售人员，所面对的客户是千姿百态的，即使赞誉之词是出于好意的，效果也未必见得都是好的。因此，在赞美时需要注意以下几点：

（1）一定要以事实为依据，赞美的内容不可凭空臆想，如果只是拍马屁或者赞美一些无中生有的事情，客户就有可能把你当作“小丑”一般而不加理会了。

（2）赞美也要注意适度原则，你必须要清楚，赞美的目的是要说出你推销的产品，并把它推销给客户，如果一味地恭维，推销也就失去了本来的意义。

（3）面对不同类型的客户，赞美的内容也是不同的。对于男客户来讲，他们普遍比较在乎自己的能力以及取得的名利等，因此在赞美男客户时要在这些方面多下功夫。而大多数的女性客户则比较在意自己的容貌、穿着以及身边的伴侣等，因此与女性客户相处时赞美的重点就应该放在这些方面了。

5. 学会站在客户的立场上思考问题

相信有不少人都信奉这样的商场名言，即“以营利为唯一目标”，当然这的确也是很多商人经商行为的出发点，这些商人为了获取各种利益不惜损害客户的利益。当客户的利益受到损害时，他们自然会对商人的诚信度产生怀疑，这种怀疑又使得客户在面对推销人员时普遍持一种质疑的态度，销售人员的生意当然会越来越不好做。生意不好做，销售量上不去，企业经营就会出现问题，由此产生恶性循环，这就是牺牲客户的利益的苦果。

而要使企业不进入恶性循环，唯一的方法就是在自己赚钱的同时考虑客户的利益。作为一个销售人员，只有为客户省钱，自己才能赚钱。因此，当销售人员首次与客户沟通时，就应该把自己和客户拉到同一战线上，把自己当作与客户并肩作战的伙伴。你的目标不是向客户推销产品，而是为客户提供可以省钱的方法，试着把客户的问题当成自己的问题，把客户想花的钱当成自己要花的钱，那样的话，你就会不知不觉地为你的客户节省开销了。一个销售人员如果能够为客户提供可以让他们省钱的建议，那么就会很容易得到客户的信任，双方在沟通中，气氛也就不会那么紧张了。

让你的客户相信你，最简单的方法就是帮他做出正确的决定，如果你的决定是正确的，客户就会加深对你的印象。印象的加深也就意味着客户已经开始关注你，如果你再努力一步，便会取得客户的信任。当然在这个过程中，销售人员也要时刻把握一个原则：你不是来给客户当老师的，你是为客户提供产品和服务的，是为客户解决困难的。那样客户才会慢慢消除芥蒂，然后在心里接受你。只要你在和客户的相处过程中以真诚的态度考虑客户的利益，就能赢得客户的信赖，客户因此也有可能成为你不用花钱的“广告宣传员”。

美国汽车大王福特说过一句广为人知的话：“成功没有什么秘诀可

言，如果非要说有的话，那就是时刻站在别人的立场上。”在推销活动中，如果学会时时站在客户的角度上分析问题，沟通的效果将会超出你的想象。

某公司总经理乔治想为公司买一座房子，于是他请来了房产界知名人士莱特，然后对他说：“莱特先生，我们公司过去很多年租用的都是别人的房子，真希望可以拥有一栋自己的房子。”此时，乔治的目光透过窗户，看着外面繁华的街景说道：“希望我新买的房子也可以看到这样的景致，你能帮我物色一下吗？”

莱特花了很长时间琢磨乔治想要的房子，他画过图纸，做过预算，但还是找不到头绪。在很多可以考虑的房子里，最佳的选择就是乔治的钢铁公司所在的那幢楼房，因为只有那栋房子可以看见乔治要求的街景，但是乔治的同事们希望能买到一栋新房子。

当莱特再次与乔治交谈这件事情的时候，遭到了乔治的拒绝，乔治表示他不可能对一栋旧房子感兴趣，他所需要的是一栋新房子，乔治说这些的时候，莱特并没有表示反对，他只是安静地听着。他运用了换位思考的方式，站在乔治的立场上，分析了一段时间后发现，乔治想要的房子，其实就是他自己所反对的那栋，只是乔治现在还不知道自己真正想要的是什么而已。得到这些信息后，他开始向乔治提出如下的问题：“乔治，当初你刚刚创业的时候，你的办公室在什么地方？”乔治回答：“这里。”“你的公司成立的地点在哪里？”“也在这里，就在这个办公室里。”大约过了15秒钟后，乔治突然说，“是啊，这所房子才是我应该购买的房子，毕竟这是我们公司的发祥地啊！它见证了我们的起步和发展，还有什么地方比它更有意义呢？您真是考虑得太周到了。”说完这些，乔治迅速同意了购买这栋旧房子。于是在很短的时间内交易就达成了。

并没有用什么特别的手段，也没有什么华丽的语言，莱特简单地完成了推销。其中的奥妙何在?

莱特推销成功的奥妙就在于他考虑了乔治的需求，他站在乔治的立场上分析了乔治想要的房子，然后运用很巧妙的方法刺激乔治的心理需求，使乔治明白自己真正想要的房子是哪栋。他的成功，完全是依靠他能设身处地地为乔治着想，站在乔治的角度，即这所房子见证了自己的成长，有自己喜欢的格局，也有自己喜欢的景致，这所房子已经变成了自己生活的一部分，看见它，仿佛就能看见自己的成功，心中的自豪感不言而喻，因此这是个很有意义的纪念地。莱特就这样分析出了乔治的真实意图，帮助乔治解决了心理矛盾，从而成功地完成了推销。

总之，要使客户与你开心地合作，最重要的就是要学会站在客户的立场上，为客户设身处地着想。只有站在客户的立场上，你才能掌握客户的真实意图，才能明白客户的需求，推销工作才能顺利完成。

6. 避免和客户发生争论

潘恩人寿保险公司立下了一项铁律:“不要争论。”真正的推销精神不是争论，人的心意不会因为争论而改变的。正如睿智的本杰明·富兰克林所说的那样:“如果你老是抬杠、反驳，也许偶尔能获胜;但那是空洞的胜利，因为你永远得不到对方的好感。”

因此，你要自己衡量一下:你宁愿要那种字面上的、表面上的胜利，还是别人对你的好感?

不要与你的客户争论，因为十之八九，争论的结果会使双方比以前更相信自己绝对正确。争论的结果要是输了，当然你就输了;如果赢了，你还是输了。因为客户已经丢了面子，不会再向你买东西了。

有一次，一位女士怒气冲冲地走进食品商店，向服务员喝道："我叫我儿子在你们这儿买的果酱，为什么缺斤少两？"服务员先一愣，待她道出原因之后，就有礼貌地回答："请你回去称称孩子，看他的体重是否增加了。"这位妈妈恍然大悟，脸上怒气全消，心平气和而又很高兴地对服务员说："噢，对不起，误会了。"这里，服务员小姐认准了自己不会称错，便剩下一种可能，即是小孩把果酱偷吃了。如果直接和顾客争辩"我不会搞错的，肯定是你儿子偷吃了"或者"你不找自己儿子的麻烦，倒问我称错没有，真是莫名其妙"，这就不但不能平息顾客的怒气，反而会引发一场更大的争论。因此，服务员用幽默委婉的语气指出这位女士忽视的问题，不仅维护了商店的信誉，还维护了这位女士的面子，避免了一场争吵，赢得了顾客的好评。

作为销售人员，你必须要清醒地认识到与客户争辩，失败的永远是销售人员。一句销售行话是："占争论的便宜越多，吃销售的亏越大。"一位客户曾经这样说过："不要和我争辩，即使我错了，我也不需要一个自作聪明的推销人员来告诉我（或试着证明）；他或许是辩赢了，但是他却输掉了这笔交易。"

不管客户如何批评我们，销售人员永远不要与客户争辩，甚至有时面对客户的无理取闹也要保持"客户至上"的心态。因为，争辩不是说服客户的好方法，正如一位哲学家所说："你无法凭争辩去说服一个讨厌喝啤酒的人喜欢啤酒。"

客户：您好，我想问问你们公司最新款笔记本电脑的价格，如果不是太贵的话我想买一台。

销售人员：噢，你一定是通过电视广告知道我们推出了最新款的笔记本电脑吧？

客户：是的，看电视广告知道你们推出了新款笔记本电脑，我一直用的都是你们的笔记本电脑，我觉得你们的笔记本电脑还不错，可是你们怎么请了那样一个广告小姐呀，长得不好看不说，说话也不好听！还不如请×××来做广告呢！

销售人员：可是我觉得×××更不怎么样，还不如我们的广告小姐呢，我们的广告小姐可是千挑万选才选出来的。

客户：你说×××不好？她可是整个亚洲最棒的明星。

销售人员：什么整个亚洲最棒呀？她不过就是在中国有点名气而已。

客户：你太没品位了！她是最棒的！算了，我不买你们的电脑了，我去看看别的品牌！

上述案例中，销售人员仅仅因为广告小姐这种无足轻重的事情而与客户发生争执，从而失去一位准客户。实际上，销售人员可以将一些鸡毛蒜皮的小事彻底忽略掉，否则很可能会因小失大地失去客户。

所以说，在销售的过程中，千万不要与客户进行争辩，不要错误地以为你在这场争执中取得了胜利，客户就会购买你的商品。当你顺从客户的意思，不与他进行争执时，你输掉的仅仅是这场争执，但赢得的却是这个客户。因为成功销售出去你的商品才是你真正的目的所在。

面对客户的责难或者不信任，你最好的办法就是顺从他们的意思，用事实来证明给他们看。销售人员一定不要回避客户的争辩，更不要试图与他们去进行争辩，而是要想方设法引导客户去说，支持客户去说，鼓励客户去说，让客户公开发表自己不同的意见，这样对双方都有一定的好处。因为只有这样，客户才会感觉自己受到了重视，而你也知道了他心底真正的想法，这对销售的成功是极为有利的。

以下是处理异议的三个方法。

（1）情绪轻松，不可紧张。销售人员要认识到异议是必然存在的，听到客户提出异议后，应保持冷静，不可动怒，也不可采取敌对行为，而必须继续以笑脸相迎，并了解反对意见的内容或要点及重点，一般多用下列语句作为开场白：“我很高兴你能提出意见”，“你的意见非常合理”，“你的观察很敏锐”等。

（2）认真倾听。销售人员听到客户所提之异议后，应表示对客户的意见真诚的欢迎，并聚精会神地倾听，千万不可加以干扰。另外，销售人员必须承认客户的意见，以示对其尊重，那么，当销售人员提出相反意见时，准客户自然也较易接纳他的提议。

（3）重述问题，证明了解。销售人员向准客户重述其所提出的反对意见，表示已了解。必要时可询问准客户，其重述是否正确，并选择反对意见中的若干部分予以诚恳的赞同。

7. 积极回应客户的抱怨

在销售的过程中，销售人员可能会遇到客户各种各样的抱怨。抱怨主要是客户对商品的质量、性能或者服务品质不满意的一种表现，一般来讲，它可大可小，可有可无。

但是，如果在销售的过程中，销售人员不能正确处理客户的抱怨，那么将会给自己的工作带来极大的负面影响。因为一个不满意的客户可能会把他的不满意告诉给他身边所有的亲朋好友，而他的亲朋好友也同样会把他的这种遭遇再告诉给自己的亲朋好友。照此类推，其破坏力是不可低估的。所以说，一定要学会积极回应客户的抱怨，努力做到让他们传播自己的好名声。

通常来讲，客户的抱怨主要来自以下几个方面。

（1）客户对产品的质量和性能不满意。出现这种抱怨的原因很可能是因为广告夸大了产品的价值功能，结果当客户见到实际产品时，发现与广告不符，由此引发了客户的不满。

（2）客户对销售人员的服务态度不满意。例如，有一些销售人员总是一味地介绍自己的产品，根本不去了解客户的偏好和需求，同时对客户所提出的问题也不能给予满意的回答；或者是在销售的过程中，销售人员不能对所有的客户一视同仁，出现轻视客户、看不起客户、不信任客户的现象。

（3）产品的安全性能以及售后服务、价格等因素也都可能引发客户的抱怨和不满。

其实，客户抱怨不管是对厂家还是对销售人员本身来说，都是在提醒他们要不断完善自身，做到最优最好。而且抱怨很大程度上是来自期望过高，当顾客发现自己的期望没有得到满足时，也会促使抱怨的爆发。如果能够妥善地处理这些抱怨，很有可能使坏事转变为好事，不仅不会影响销售，反而会使销售更上一个台阶。

汪洋上个星期在一家服装专卖店看到一件非常漂亮的毛衣，但她喜欢的那种款式却正好卖完了。销售人员看到汪洋对那种款式十分喜爱，就告诉她说，店里过两天要去订货，只要她先预付一定的定金，就可以帮忙给她订一件。

这天，销售人员通知汪洋来取毛衣。当汪洋拿起毛衣时，却抱怨说："不是一个厂家的毛衣吗？怎么看起来没有其他款式的质量好呢？做工这么粗糙，到处都是线头。而且，颜色也比图片上所显示的要浅，我还是比较喜欢图片上的那种颜色。"

站在一旁的销售人员看到这种情况，微笑着说："真是抱歉，不过我敢保证，这种款式的毛衣与其他款式的毛衣的质量绝对是相同的，而且它是刚出厂的货，我们还没有经过任何修剪，所以线头就多了一点。你要是不着急拿回去穿的话，我很乐意帮你把这些线头修得整整齐齐的。颜色的差别多少会有一点，不过我现在知道了，你比较喜欢图片上的颜色，希望你没事常来逛逛，下次我一定给你介绍这种颜色的衣服。"

汪洋听到销售人员真诚地解释，抱怨一下子就没有了，高高兴兴地拿起毛衣回家了。后来，她成了这家店里的常客，而且还介绍了不少的朋友来光顾。

很多时候，销售人员一定要具有面对顾客抱怨的心理准备，当顾客抱怨时，销售人员首先需要做的是不能感情用事。可能，在销售人员看来，一些客户是鸡蛋里面挑骨头，商品的质量和性能明明很好，他们硬要挑出一些根本不是毛病的毛病。此时，销售人员一定要注意自己说话的语气和态度，不能客户愤怒，你比他还要愤怒。在他们抱怨时，销售人员首先要做一个忠实的倾听者，一定要克制自己的情绪，让客户把话说完，然后尽可能冷静、缓慢地交谈，对客户提出的各种问题予以解决，如果实在解决不了，可以找自己的上司请教。这样可以在一定程度上缓解客户激动、愤怒的情绪，也能够为自己争取到思考的时间。而且，当客户看到到你的真诚以及你周到的服务，客户的怒气就会减少很多。此时，所有的问题可能就会迎刃而解。

另外，在销售过程中，你一定要做好接受压力的思想准备，才能在客户抱怨时，顺利解决问题。此时，销售人员可以站在旁观者的角度来了解客户的感受，这样就能够在一定程度上减轻因客户抱怨而给自己造成的愤怒。如果客户的误会较深，给你造成的伤害较大，你可以在闲暇时向自己的亲朋好友诉说整个事件以及所遭受的痛苦，以这种方法来安定自己的情绪，或者是向他们求助解决的办法。

另外，销售人员应该把客户的抱怨当作磨炼自己的机会。遭遇客户抱怨时，一定要保持一种平静、坦然的心态，把他们的抱怨当作历练自己的一次机会，因为只有在不断的解决问题中，你才能够不断进步，变得更加优秀、出色和卓越。而且抱怨不仅仅是一种不满、一种愤怒，它还是一种期待、一种信息。通过客户的抱怨，你会明白在以后的工作中应该避免哪些问题的发生，或者是再发生这类问题时应该怎么进行解决。这样不仅能够赢得客户对自己的信赖，也能够提升自己成功应对各种挫折的能力。

当然，在应对客户抱怨的过程中，销售人员最忌讳的就是回避和拖延解决问题的时间。要敢于正视发生的问题，并以最快的速度进行解决，把客户的事情当作自己的事情来做，站在他们的立场上来思考问题，并对他们的抱怨表示欢迎，而且对客户表示抱歉……那么，你就一定能够化干戈为玉帛，化抱怨为感谢，化怀疑为信赖。最重要的是，这个客户可能将会是你永远的客户。

8. 用正确的态度对待客户的投诉

销售人员处理顾客投诉时，方法有很多种，其中销售人员处理顾客投诉的口才及技巧是说服顾客的关键，也是通常较可行的方法，它也是维系老顾客的一条无形纽带。

（1）耐心倾听。面对顾客投诉时，销售人员必须耐心倾听，让顾客将投诉情况讲完，然后销售人员站在顾客的立场上去说服顾客，给顾客解难。但是销售人员常犯的错误是：顾客刚一说话，销售人员就急忙将其打断，迫不及待地进行解释，这是激怒顾客的行为。要知道，顾客向我们投诉，主要的目的是向我们倾诉他们内心的种种不满和意见，希望我们能帮助他们解决问题，而不是希望来听我们的解释、说明或辩护的。

有一位姓张的先生在他订的奶粉中发现了一小块玻璃碎片。于是前往奶粉公司去投诉。

不用说，他的情绪是愤怒的。一路上他已经打好腹稿，想出了许多尖刻的词语。他还感到自己的此行绝不是单纯为了自己，而是为了千千万万个孩子去责成奶粉公司负起社会的责任。他还想到，如果奶粉公司不给出令他满意的答复，他就要向报纸、电台，甚至司法机关揭发，或直接告到消费者协会去。

他一到奶粉公司，吵着非要见总经理不可，副手都不行。一到总经理办公室，连自我介绍都省略了，把总经理伸出的友谊之手也拔向一旁："你们奶粉公司，简直是要命公司！你们都掉进钱眼里去了，为了自己多赚钱，多分奖金，把我们千百万消费者的生死置之度外……"

好在这位总经理经验丰富，面对这么激烈的语言，毫不动怒，仍旧诚恳地对他说："先生，究竟发生了什么事？请您快点告诉我，好吗？"

张先生继续激动地说："你放心，我来这里正是为了告诉你这件事的。"说完，从提袋中拿出奶粉盒子，"砰"的一声，重重地往办公桌上一放，说，"你自己看看，你们都是做了什么样的好事！"

总经理拿起奶粉盒子仔细一看，什么都明白了。立刻收敛起微笑，有些激动，说："这是怎么搞的，人吃下这东西是要命的，特别是老人和孩子若吃到肚子里去，后果不堪设想！"说到这里，总经理一把拉住张先生的手，急切地问，"请你赶快告诉我，家中是否有人误吞了玻璃片，或被它刺伤口腔。咱们现在马上要车送他们去医院治疗！"说着，抄起电话准备叫车。

这时候张先生心中的怒火已十去八九了，告诉总经理说，并没有人受伤。总经理这才转忧为喜，掏出手帕，擦擦额头渗出来的汗珠说："哎呀！真是谢天谢地。"接着又对张先生说，"我代表公司的干部职工向您表示感谢，因为您为我们指出了工作中的一个巨大的事故隐患。我要将此事立刻向全公司通报，采取措施，今后务必杜绝此类事情发生。还有，您的这盒奶粉，我们要照价赔偿。"

任何一个顾客来投诉时，无论开始的脾气有多大，只要我们耐心地听，鼓励他把心里的不满都发泄出来，那么，他的脾气会越来越小。只有顾客恢复了理智，才能正确地着手处理面前的问题。而且因情绪激动而失礼的顾客冷静下来以后，必然有些后悔，这比我们迎头批评他们要有效得多。

（2）恰当拟定应对顾客投诉的措辞。倾听并分辨出顾客投诉的类型、内容，那接下来销售人员必须对他的投诉做出反应。处理投诉的方式有道歉、说明、说服三种，但必须配合适当的态度、声音和措辞，让投诉的顾客心悦诚服，关键在于销售人员措辞的技巧，如果措辞运用不当反而弄巧成拙，那些原本能解决的事也变得不可解决了。

（3）注意处理顾客投诉的声调。声音可以说是处理顾客投诉中一个重要的技巧。销售人员的口语表达及声调，是顾客了解销售人员的一种途径。

在不同的场合，说话的声调是不同的，例如处理顾客投诉时，声调一定要清晰，表达要清楚，速度的快慢根据顾客的缓急程度而定，如果遇上一个负责处理投诉的人语气生硬，且每句话的结尾都模糊不清的话，那就连一点交谈的诚意都没有了，这样会令顾客越来越想结束谈话。

所以在练习处理顾客投诉的声调时首先要建立起一个心态，对待顾客要以平常心看待。处理顾客投诉时，销售人员对投诉电话以及顾客本身，不要存在紧张或害怕的心理。而应用对待一般顾客的方式来对待顾客的投诉，否则声音也会跟着情绪而上扬，使你无法流畅地对话。

在谈话中，销售人员的声音应该始终保持洪亮、清晰。另外，说话的时候喉咙不要紧绷，要运用吸进去的空气使喉咙发声更清晰明朗，令声音听起来抑扬顿挫，中气十足。

迅速解决顾客的投诉是十分必要的，我们不但要顺利地解决，而且还必须掌握说话的语言技巧。销售人员应该冷静地对待顾客的怨气，询问并引导顾客讲出他心中的想法，并且当他讲清楚原因后，要站在他的立场上积极考虑问题，给顾客一个明确的答复及一个解决方案，能够马上解决就马上解决，不能当场解决的，把处理的意见、日期、办法明确告诉顾客，消除顾客的疑虑或者误会。最终对顾客道歉或是致谢，汲取投诉的经验，从而更用心地提升自己的产品和服务的品质。顾客并非冲着一时的小利去的，你应该了解，他们真正需要的是个说法，也是来自销售人员的尊重。

掌握应对顾客投诉的语言艺术，并用诚恳的态度，才能安抚好每一位顾客，让每个投诉都得到圆满解决。

9. 让客户多多参与

销售活动不是销售人员一个人的事情。如果只是销售人员自己一直滔滔不绝地讲，充其量也只是一出独角戏，可能会感染“观众”，但无法引起“观众”的兴趣。想要充分地调动客户的积极性和参与热情，销售人员就要打破“独角戏”的模式，让客户参与到表演当中来，作为一个重要的角色和你一起演出，这样客户才会产生真切的感觉，投入自己的真实情感。

如果你推销的产品品质优良，而且若干产品的优点正符合客户的需要，在客户承认这些优点之前，要先准备一些让客户只回答“是”的问题。例如某某先生，我们的产品比A产品省电20%，对吗？我们的机器比A公司的机器便宜500元，是吗？……当然，这些问题必须能表现出产品的特点，同时在你有把握客户必定会回答“是”的情况下才提出。掌握了这个诀窍，你就能制造一连串让客户回答“是”的问题。最后，你要求客户签订货单时，他也会心甘情愿地回答“是”了。

大名鼎鼎的销售行家阿玛诺斯精明强干，不到两年，就由小职员晋升为销售主管。下面看看他是如何进行推销活动的。

现在要推销一块土地，阿玛诺斯并不依照惯例，向顾客介绍这地是何等的好，如何有升值空间，地价是如何便宜等。他首先是很坦率地告诉顾客说：“这块地的四周有几家工厂，若拿来盖住宅，居民可能会嫌吵，因此价格比一般的便宜。”

但无论他把这块地说得如何不好，如何令人不满，他一定会带顾客到现场参观。当顾客来到现场，发现那个地方并非如阿玛诺斯说的那样不理想，不禁反问：“哪有你说的那样吵？现在无论搬到哪里，噪声都是不可避免的。”

因此，在阿玛诺斯的顾客心目中都坚信，实际情况一定能胜过他所介绍的情形，交易起来更是非常爽快。

俗话说“百闻不如一见”，听到的在人们的心里多少会觉得有些不真实，只有真真切切地看到、触碰到，才会产生质感。因此，在销售商品时，销售人员要让客户能够看到、摸到、感受到你的商品，这样才会加深客户的感觉，使客户消除疑虑，产生信任。

小周一边让刘小姐翻阅图片，一边配以自己的讲解。他说：“即使你足不出户，只要站在宽大别致的阳台上面，就可以听到海浪哗哗的声音，还有海鸥的叫声。深呼吸一下，你甚至还可以闻到松树或刚刚收割的稻秆的香气。如果你想出去转转，不妨去逛逛具有乡土特色的乡村商店，拿起那里的草莓，尝一颗，那酸酸甜甜、花蜜般的味道真是让人流连忘返。如果想要运动，你可以游泳，或者去划船，那里建有巨大的人工湖，而且船也是很有特色的独木舟，取来一支划桨，那木头平滑轻巧，而且手握起来十分舒服，让你觉得充满活力……”

小周的描述可谓是绘声绘色，让人充满遐想。他不仅调动了客户丰富的想象力，还充分地调动了客户的其他感觉，如听觉、嗅觉、味觉、触觉，并且使这些感觉具体到一事一物，让客户脑海中的影像更加生动清晰，使其产生强烈的期待。还没等小周说完，刘小姐就迫不及待地大叫：“太好了，太美了，我一定要去，一定要去。”

优秀的销售人员都善于运用各种感觉来刺激客户，让客户“看到”“听到”“闻到”“尝到”甚至“感觉到”商品真实的一面，这样才会使客户产生强烈的购买欲望。听到不如看到，看到不如摸到。销售人员要善于引导客户亲自参与到你的销售和示范工作当中来，把主动权交给客户，销售人员只需站在一边加以指导和说明就可以了。只有让客户亲自动手，他才会获得最真实的感觉，才会掌握第一手资料，这样要比销售人员自己表演而客户只当观众的效果要好得多。

让客户亲自体验到商品的好处，才会有效地激发客户的购买欲望，因为他们的感官会刺激其购买动机，进而下定购买的决心。只要客户愿意试用，那么十有八九就会购买你的商品。

当然有些商品和服务是无法让客户真实地去触摸和感受的，比如，推销“新马泰十日游”，销售人员当然没有办法将那些旅游景点一一搬过来让客户感受和触摸，那么又如何让客户积极地参与进来呢？销售人员虽然无法让客户看见摸到，却可以调动客户的想象力，通过自己具体的、生动的、绘声绘色地描述，让美好的东西在客户的脑海中具体化，产生身临其境的效果，这样也能使客户参与进来，使客户“看”到你说的话。人的想象力是很丰富的，只要你能够用巧妙的方法去激发，就能够让人产生似乎亲身经历般的感觉。

有经验的销售人员会尽力让客户摸到、看到实实在在的商品，比如销售人员推销汽车，就要让客户亲自坐在驾驶室，开关一下车门，摁一下喇叭，听听发动机的声音等，让客户亲身地、真实地感受到汽车的性能。如果无法把商品摆在客户的面前，就把它搬到客户的脑中，调动客户的一切感官，让他真实地、具体地感受到商品的美好，最终愉悦地购买。